¿QUIÉN SOY YO PARA JUZGAR?

PAPA FRANCISCO

¿QUIÉN SOY YO PARA JUZGAR?

ORIGEN

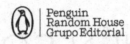
Penguin
Random House
Grupo Editorial

¿Quién soy yo para juzgar?
Primera edición: septiembre de 2017

Título original: *Chi Sono Io Per Giudicare?*

© 2016 Libreria Editrice Vaticana, Città del Vaticano
© 2016 by Edizioni Piemme S.p.A., Milano
Derechos adquiridos a través de:
Ute Körner Literary Agent, Barcelona, www.uklitag.co

© 2021, Penguin Random House Grupo Editorial USA, LLC.
8950 SW 74th Court, Suite 2010
Miami, FL 33156

Editado por Anna María Foli

Fotografía de cubierta: Franco Origlia/Getty Images

www.librosorigen.com

978-1-945540-36-3

Impreso en Estados Unidos - *Printed in USA*

21 22 23 24   10 9 8 7 6 5 4

PRIMERA PARTE

NO JUZGUÉIS
PARA NO SER JUZGADOS

La humildad evangélica lleva a no apuntar el dedo en contra de los demás, para juzgarlos, sino a tenderles la mano, para levantarlos sin sentirse nunca superiores a ellos.

Introducción al Sínodo de la Familia,
5 de octubre de 2015

El peligro de juzgar

¿El peligro cuál es? Es que presumamos de ser justos, y juzguemos a los demás. Juzguemos también a Dios, porque pensamos que debería castigar a los pecadores, condenarles a muerte, en lugar de perdonar. ¡Entonces sí que nos arriesgamos a permanecer fuera de la casa del Padre! Como ese hermano mayor de la parábola, que en vez de estar contento porque su hermano ha vuelto, se enfada con el padre que le ha acogido y hace fiesta.

Si en nuestro corazón no hay la misericordia, la alegría del perdón, no estamos en comunión con Dios, aunque observemos todos los preceptos, porque es el amor lo que salva, no la sola práctica de los preceptos. Es el amor a Dios y al prójimo lo que da cumplimiento a todos los mandamientos. Y éste es el amor de Dios, su alegría: perdonar. ¡Nos espera siempre! Tal vez alguno en su corazón tiene algo grave: «Pero he hecho esto, he hecho aquello...». ¡Él te espera! Él es padre: ¡siempre nos espera!

Si nosotros vivimos según la ley «ojo por ojo, diente por diente», nunca salimos de la espiral del mal. El Maligno es listo, y nos hace creer que con nuestra justicia humana podemos salvarnos y salvar el mundo. En realidad sólo la justicia de Dios nos puede salvar. Y la justicia de Dios se ha revelado en la Cruz: la Cruz es el juicio de Dios sobre todos nosotros y sobre este mundo.

¿Pero cómo nos juzga Dios? ¡Dando la vida por nosotros! He aquí el acto supremo de justicia que ha vencido de una vez por todas al Príncipe de este mundo; y este acto supremo de justicia es precisamente también el acto supremo de misericordia. Jesús nos llama a todos a seguir este camino: «Sed misericordiosos, como vuestro Padre es misericordioso» *(Lc 6, 36)*.

Os pido algo, ahora. En silencio, todos, pensemos... que cada uno piense en una persona con la que no estamos bien, con la que estamos enfadados, a la que no queremos. Pensemos en esa persona y en silencio, en este momento, oremos por esta persona y seamos misericordiosos con esta persona.

Angelus, 15 de septiembre de 2013

Mirar más allá

El Evangelio que hemos escuchado de la pecadora que derrama el ungüento perfumado a los pies de Jesús *(cf. Lc 7, 36-50)* nos abre un camino de esperanza y de consuelo. Está el amor de la mujer pecadora que se humilla ante el

Señor; pero antes aún está el amor misericordioso de Jesús por ella, que la impulsa a acercarse.

Esta mujer encontró verdaderamente al Señor. En el silencio, le abrió su corazón; en el dolor, le mostró el arrepentimiento por sus pecados; con su llanto, hizo un llamamiento a la bondad divina para recibir el perdón. Para ella no habrá ningún juicio, sino el que viene de Dios, y éste es el juicio de la misericordia. El protagonista de este encuentro es ciertamente el amor, la misericordia que va más allá de la justicia.

Simón, el dueño de casa, el fariseo, al contrario, no logra encontrar el camino del amor. Todo está calculado, todo pensado... Él permanece inmóvil en el umbral de la formalidad. Su juicio acerca de la mujer lo aleja de la verdad y no le permite ni siquiera comprender quién es su huésped. Se detuvo en la superficie —en la formalidad—, no fue capaz de mirar al corazón. Ante la parábola de Jesús y la pregunta sobre cuál de los servidores había amado más, el fariseo respondió correctamente: «Supongo que aquel a quien le perdonó más». Y Jesús no deja de hacerle notar: «Has juzgado rectamente» (Lc 7, 43). Sólo cuando el juicio de Simón se dirige al amor, entonces él está en lo correcto.

La llamada de Jesús nos impulsa a cada uno de nosotros a no detenerse jamás en la superficie de las cosas, sobre todo cuando estamos ante una persona. Estamos llamados a mirar más allá, a centrarnos en el corazón para ver de cuánta generosidad es capaz cada uno. Nadie puede ser excluido de la misericordia de Dios. Todos conocen el camino para acceder a ella y la Iglesia es la casa que acoge a todos y no rechaza a nadie. Sus puertas permanecen abiertas de par en par, para que quienes son tocados por la gracia puedan encontrar la certeza del perdón.

Homilía, 13 de marzo de 2015

La misericordia antes del juicio

Este Año Extraordinario es también un don de gracia. Entrar por la puerta significa descubrir la profundidad de la misericordia del Padre que acoge a todos y sale personalmente al encuentro de cada uno. ¡Es Él el que nos busca! ¡Es Él el que sale a nuestro encuentro!

Será un año para crecer en la convicción de la misericordia. Cuánto se ofende a Dios y a su gracia cuando se afirma sobre todo que los pecados son castigados por su juicio, en vez de destacar que son perdonados por su misericordia *(cf. san Agustín, De praedestinatione sanctorum, 12, 24)* Sí, así es precisamente. Debemos anteponer la misericordia al juicio y, en cualquier caso, el juicio de Dios tendrá lugar siempre a la luz de su misericordia.

Que el atravesar la Puerta Santa, por lo tanto, haga que nos sintamos partícipes de este misterio de amor. Abandonemos toda forma de miedo y temor, porque no es propio de quien es amado; vivamos, más bien, la alegría del encuentro con la gracia que lo transforma todo.

Homilía en ocasión de la apertura de la Puerta Santa,
8 de diciembre de 2015

El juicio de los pequeños

Oremos intensamente al Señor, que nos sacuda, para hacer de nuestras familias cristianas protagonistas de esta revolución de la cercanía familiar, que ahora es tan necesaria. De ella, de esta cercanía familiar, desde el inicio, se fue construyendo la Iglesia. Y no olvidemos que el juicio de los necesitados, los pequeños y los pobres anticipa el juicio de Dios (Mt 25, 31-46). No olvidemos esto y hagamos todo lo que podamos para ayudar a las familias y seguir adelante en la prueba de la pobreza y de la miseria que golpea los afectos, los vínculos familiares. Quisiera leer otra vez el texto de la Biblia que hemos escuchado al inicio; y cada uno de nosotros piense en las familias que son probadas por la miseria y la pobreza. La Biblia dice así: «Hijo, no prives al pobre del sustento, ni seas insensible a los ojos suplicantes. No hagas sufrir al hambriento, ni exasperes al que vive en su miseria. No perturbes un corazón exasperado, ni retrases la ayuda al indigente. No rechaces la súplica del atribulado, ni vuelvas la espalda al pobre. No apartes los ojos del necesitado, ni les des ocasión de maldecirte» (Eclo 4, 1-5). Porque esto será lo que hará el Señor —lo dice en el Evangelio— si nosotros hacemos estas cosas.

Audiencia General, 3 de junio de 2015

Juicio y condena

Juzgar a los demás nos lleva a la hipocresía. Y Jesús define precisamente como «hipócritas» a quienes se ponen a juzgar. Porque, la persona que juzga se equivoca, se confunde y se convierte en una persona derrotada.

Quien juzga se equivoca siempre. Y se equivoca, porque se pone en el lugar de Dios, que es el único juez. En la práctica, cree tener el poder de juzgar todo: las personas, la vida, todo. Y con la capacidad de juzgar considera que tiene también la capacidad de condenar.

El Evangelio refiere que juzgar a los demás era una de las actitudes de esos doctores de la ley a quienes Jesús llama «hipócritas». Se trata de personas que juzgaban todo. Pero lo más grave es que obrando así, ocupan el lugar de Dios, que es el único juez. Y Dios, para juzgar, se toma tiempo, espera. En cambio estos hombres lo hacen inmediatamente: por eso el que juzga se equivoca, simplemente porque toma un lugar que no es para él. No sólo se equivoca; también se confunde. Y está tan obsesionado con eso que quiere juzgar, de esa persona —tan, tan obsesionado—, que esa pajita no le deja dormir. Y repite: «Pero yo quiero quitarte esa pajita». Sin darse cuenta, sin embargo, de la viga que tiene él en su propio ojo. En este sentido se confunde y cree que la viga sea esa pajita. Así que quien juzga es un hombre que confunde la realidad, es un iluso.

No sólo eso. El que juzga se convierte en un derrotado y no puede sino terminar mal, porque la misma medida se usará para juzgarle a él, como dice Jesús en el Evangelio de Mateo.

Y ¿cuál es la derrota? La de ser juzgado con la misma medida con la que él juzga, porque el único que juzga es Dios y aquellos a quienes Dios les da el poder de hacerlo. Los demás no tienen derecho de juzgar. Porque quien juzga acusa siempre. En el juicio contra los demás siempre hay una acusación. Exactamente lo opuesto de lo que Jesús hace ante el Padre. En efecto, Jesús jamás acusa sino que, al contrario, defiende.

Así, si queremos seguir el camino de Jesús, más que acusadores debemos ser defensores de los demás ante el Padre. Pero sobre todo, no juzgues, porque si lo haces, cuando tú hagas algo malo, serás juzgado. Es una verdad que es bueno recordar en la vida de cada día, cuando nos vienen las ganas de juzgar a los demás, de criticar a los demás, que es una forma de juzgar.

Meditación matutina en la capilla de la Domus Sanctae Marthae,
23 de junio de 2014

Callar

El Señor es nuestro juez y si te viene a la boca una palabra de opinión sobre uno u el otro, cierra la boca. El Señor nos ha dado este consejo: «No juzguéis y no seréis juzgados». Convivir con la gente con simplicidad, acoger a todos.

¿Por qué acoger a todos? Para ofrecer la experiencia de la presencia de Dios y del amor de los hermanos. La Evangelización necesita ser fuertemente acogida, necesita cercanía, porque es uno de los primeros signos de la comunión de los cuales somos testigos después del encuentro con Cristo en nuestra vida.

Discurso, 5 de septiembre de 2015

No a las habladurías

La mansedumbre en la comunidad es una virtud un poco olvidada. Dejar con mansedumbre el lugar al otro. Hay muchos enemigos de la mansedumbre, empezando por los chismes, ¿no? Cuando se prefiere hablar y hablar del otro, castigar al otro. Son cosas cotidianas que le pasan a todos, incluso a mí. Son tentaciones del maligno que no quiere que el Espíritu venga entre nosotros y nos otorgue esta paz, esta mansedumbre en las comunidades cristianas. Vamos a la iglesia, y las señoras del catecismo luchan contra las de Cáritas. Y siempre existen estas luchas. También en la familia o en el barrio. Igual entre amigos. Eso no es la vida nueva.

Cuando llega el Espíritu y nos regenera para una vida nueva, nos hace ser caritativos unos con otros. No juzgar a nadie: el Señor es el único juez. La sugerencia es callar. Y si tengo que decir algo, se lo digo a él, a ella, no a todo el barrio, sino sólo a quien puede remediar la situación.

Esto es solamente un paso hacia la vida nueva, pero es el paso de todos los días. Si con la ayuda del Espíritu logramos evitar las habladurías, será un gran paso adelante. Y será bueno para todos. Pedimos al Señor que haga tangible a nosotros y al mundo la belleza y la plenitud de esta vida nueva, del nacer del Espíritu que llega a la comunidad de los creyentes y los hace caritativos unos con otros, respetuosos, dejando con mansedumbre el lugar al otro. Pidamos la gracia para todos nosotros.

Meditación matutina en la capilla de la Domus Sanctae Marthae,
9 de abril de 2014

Si una persona es gay...

Se escribe mucho del lobby gay. Todavía no he encontrado quién me enseñe un carnet de identidad que diga «gay» en el Vaticano. Dicen que los hay. Creo que cuando uno se encuentra con una persona así, debe distinguir el hecho de ser una persona gay, del hecho de hacer un lobby, porque ningún lobby es bueno. Son malos. Si una persona es gay y busca al Señor y tiene buena voluntad, ¿quién soy yo para juzgarla? El Catecismo de la Iglesia Católica explica esto de una manera muy hermosa, y dice: «No se debe marginar a estas personas por eso, deben ser integradas en la sociedad». El problema no es tener esta tendencia; no, debemos ser hermanos, porque éste es uno, pero si hay otro, otro. El problema es hacer el lobby de esta tendencia: lobby de avaros, lobby de políticos, lobby de los masones, tantos lobbies. Éste es el problema más grave para mí.

Conferencia de prensa durante el vuelo de regreso de Río de Janeiro,
28 de julio de 2013

Ampliar el corazón

¿Qué significa ampliar el corazón? Ante todo, al reconocerse pecadores, no se mira a lo que hicieron los demás. Y la pregunta de fondo es ésta: «¿Quién soy yo para juzgar esto? ¿Quién soy yo para criticar sobre esto? ¿Quién soy yo, que hice las mismas cosas o peores?». Por lo demás, el Señor lo dice en el Evangelio: «No juzguéis y no seréis juzgados; no condenéis y no seréis condenados; perdonad y seréis perdonados. Dad y se os dará: una medida generosa, colmada, remecida y rebosante será echada en vuestro delantal».

Ésta es la generosidad del corazón que el Señor presenta a través de la imagen de las personas que iban a buscar el trigo y estiraban el delantal para recibir de más. En efecto, si tienes el corazón amplio, grande, puedes recibir más. Y un corazón grande no se enreda en la vida de los demás, no condena, sino que perdona y olvida, precisamente como Dios ha olvidado y perdonado mis pecados.

Es éste el camino de la misericordia que debemos pedir. Si todos nosotros, los pueblos, las personas, las familias, los barrios, tuviésemos esta actitud ¡cuánta paz habría en el mundo, cuánta paz en nuestros corazones, porque la misericordia nos conduce a la paz!

Acordaros siempre: ¿Quién soy yo para juzgar a los demás? ¡Avergonzarse y ampliar el corazón, el Señor nos conceda esa gracia!

Meditación matutina en la capilla de la Domus Sanctae Marthae,
17 de marzo de 2014

Comprensión y perdón

Comprendo a las víctimas y a las familias que no han conseguido perdonar o que no quieren perdonar...

Sí, los comprendo. Los comprendo, rezo por ellos y no los juzgo. No los juzgo, rezo por ellos. Una vez, en una de estas reuniones, me encontré con varias personas y una mujer me dijo: «Cuando mi madre se enteró de que me habían abusado, blasfemó contra Dios, perdió la fe y murió atea». Yo comprendo a esa mujer. La comprendo. Y Dios, que es más bueno que yo, la comprende. Y estoy seguro de que a esa mujer Dios la ha recibido. Porque lo que fue manoseado, lo que fue destrozado fue su propia carne, la carne de su hija. Yo la comprendo. Yo no juzgo a alguien que no puede perdonar. Rezo y le pido a Dios —porque Dios es un campeón en buscar caminos de solución—, pido que lo arregle.

Conferencia de prensa durante el vuelo de regreso desde
Estados Unidos, 27 de septiembre de 2015

El sacerdote de hoy

Nosotros, que a menudo nos lamentamos de este tiempo con tono amargo y acusador, también debemos sentir su dureza: en nuestro ministerio, ¡cuántas personas nos encontramos que tienen problemas por falta de referencias a las que mirar! ¡Cuántas relaciones heridas! En un mundo en el que cada uno se piensa la medida de todo, no hay más lugar para el hermano.

En este contexto, la vida de nuestro presbítero se vuelve elocuente, porque es diferente y alternativa.

Está descalzo, nuestro sacerdote, ante una tierra que se obstina en creer y considerar santa. No se escandaliza por las fragilidades que sacuden el ánimo humano: consciente de ser él mismo un paralítico sanado, está lejos de la frialdad del rigorista, así como de la superficialidad del que quiere mostrarse condescendiente contentadizo. Por el contrario, acepta hacerse cargo del otro, sintiéndose partícipe y responsable de su destino. Se hace prójimo de cada uno, atento a compartir con ellos el abandono y el sufrimiento. Habiendo aceptado no disponer de sí mismo, no tiene una agenda que defender, sino que cada mañana entrega al Señor su tiempo para dejarse encontrar por la gente y salir al encuentro. Por lo tanto, nuestro sacerdote no es un burócrata o un funcionario anónimo de la institución; no está consagrado a un rol clerical administrativo, ni se mueve por los criterios de la eficiencia.Sabe que el Amor es todo. No busca seguridades terrenas o títulos honoríficos, que llevan a confiar en el hombre; de por sí en el ministerio no pide nada que vaya más allá de la necesidad real, ni está preocupado por atar a sí a las personas que se le encomiendan. Su estilo de vida sencillo y esencial, siempre disponible, lo presenta creíble a los ojos de la gente y lo acerca a los humildes, en una caridad pastoral que nos hace libres y solidarios. Siervo de la vida, camina con el corazón y el paso de los pobres; se hace rico por el trato frecuente con ellos. Es un hombre de paz y reconciliación, un signo y un instrumento de la ternura de Dios, atento a difundir el bien con la misma pasión con la que otros cuidan sus intereses.

Discurso en la CEI, 16 de mayo de 2016

La misericordia del confesor

Los confesores tienen delante las ovejas perdidas que Dios ama tanto: si ellas no sienten el amor y la misericordia de

Dios, se alejan y quizá no vuelven más. Abrácenlas y sean misericordiosos, aunque no se las pueda absolver. Denles una bendición de todas formas.

Yo tengo una sobrina que se casó con un hombre por el civil antes de que él pudiese obtener la anulación de matrimonio. Se querían casar, se querían, querían unos hijos y han tenido tres. El juez civil le dio a él la custodia de los hijos de su primer matrimonio.

Este hombre era tan religioso que todos los domingos iba a la iglesia y en el confesionario decía al sacerdote: «yo sé que usted no puede absolverme, pero he pecado en esto y en esto, deme la bendición».

Éste es un hombre religiosamente formado.

Papa Francisco, El nombre de Dios es Misericordia

Confesión y juicio

No estamos llamados a juzgar, con un sentimiento de superioridad, como si nosotros fuésemos inmunes al pecado; al contrario, estamos llamados a actuar como Sem y Jafet, los hijos de Noé, que tomaron una manta para salvaguardar al propio padre de la vergüenza. Ser confesor, según el corazón de Cristo, equivale a cubrir al pecador con la manta de la misericordia, para que ya no se avergüence y para que pueda recobrar la alegría de su dignidad filial y pueda saber dónde se encuentra.

No es, pues, con el mazo del juicio que lograremos llevar a la oveja perdida al redil, sino con la santidad de vida que es principio de renovación y de reforma en la Iglesia. La santidad se nutre de amor y sabe llevar sobre sí el peso de los más débiles. Un misionero de la misericordia lleva siempre sobre sus hombros al pecador, y lo consuela con la fuerza de la compasión. Y el pecador que va allí, la persona que va allí encuentra a un padre. Vosotros habéis escuchado, yo también he oído, a mucha gente que dice: «No, yo no voy más, porque fui una vez y el cura me vareó, me regañó mucho, o fui y me hizo preguntas un poco oscuras, de curiosidad». Por favor, esto no es el buen pastor, éste es el juez que cree que tal vez no ha pecado, o es el pobre enfermo que fisgonea con preguntas.

A mí me gusta decirles a los confesores: si no acoges con el corazón de padre, no vayas al confesionario, mejor haz otra cosa. Porque se puede hacer mucho daño a un alma si no se cumple con el corazón de un padre, con el corazón de la Madre Iglesia. Hace unos meses hablando con un sabio cardenal de la curia romana sobre las preguntas que algunos sacerdotes hacen en la confesión, él me dijo: «Cuando una persona comienza y veo que quiere tirar algo fuera, y me doy cuenta, le digo: ¡Comprendo!, ¡Tranquila!». Esto es un padre.

Discurso, 9 de febrero de 2016

El drama del aborto

Uno de los graves problemas de nuestro tiempo es, ciertamente, la modificación de la relación con la vida. Una mentalidad muy generalizada que ya ha provocado una pérdida de la debida sensibilidad personal y social hacia la acogida de una nueva vida. Algunos viven el drama del aborto con una conciencia superficial, casi sin darse cuenta del gravísimo mal que comporta un acto de ese tipo. Muchos otros, en cambio, incluso viviendo ese momento como una derrota, consideran no tener otro camino por donde ir. Pienso, de forma especial, en todas las mujeres que han recurrido al aborto. Conozco bien las condiciones que las condujeron a esa decisión. Sé que es un drama existencial y moral. He encontrado a muchas mujeres que llevaban en su corazón una cicatriz por esa elección sufrida y dolorosa. Lo sucedido es profundamente injusto; sin embargo, sólo el hecho de comprenderlo en su verdad puede consentir no perder la esperanza. El perdón de Dios no se puede negar a todo el que se haya arrepentido, sobre todo cuando con corazón sincero se acerca al Sacramento de la Confesión para obtener la reconciliación con el Padre. También por este motivo he decidido conceder a todos los sacerdotes para el Año Jubilar, no obstante cualquier cuestión contraria, la facultad de absolver del pecado del aborto a quienes lo han practicado y arrepentidos de corazón piden por ello perdón. Los sacerdotes se deben preparar para esta gran tarea sabiendo conjugar palabras de genuina acogida con una reflexión que ayude a comprender el pecado cometido, e indicar un itinerario de conversión verdadera para llegar a acoger el auténtico y generoso perdón del Padre que todo lo renueva con su presencia.

Carta, 1 de septiembre de 2015

SEGUNDA PARTE

TODOS SOMOS FRÁGILES

Cada vez que juzgamos a nuestros hermanos en nuestro corazón, o peor, cuando lo hablamos con los demás, somos cristianos homicidas.

Meditación matutina en la capilla de la Domus Sanctae Marthae,
13 de septiembre de 2013

1

DIVORCIADOS, SEPARADOS, VUELTOS A CASAR

*Los divorciados que viven una nueva unión
forman parte de la Iglesia, no están excomulgados.*

Twitter, 11 de abril de 2016

Cerca de quien está en crisis

La separación debe considerarse como un remedio extremo, después de que cualquier intento razonable haya sido inútil.

Los Padres indicaron que un discernimiento particular es indispensable para acompañar pastoralmente a los separados, los divorciados, los abandonados. Hay que acoger y valorar especialmente el dolor de quienes han sufrido injustamente la separación, el divorcio o el abandono, o bien, se han visto obligados a romper la convivencia por los maltratos del cónyuge. El perdón por la injusticia sufrida no es fácil, pero es un camino que la gracia hace posible. De aquí la necesidad de una pastoral de la reconciliación y de la mediación, a través de centros de escucha especializados que habría que establecer en las diócesis.

Al mismo tiempo, hay que alentar a las personas divorciadas que no se han vuelto a casar —que a menudo son testigos de la fidelidad matrimonial— a encontrar en la Eucaristía el alimento que las sostenga en su estado. La comunidad local y los pastores deben acompañar a estas personas con solicitud, sobre todo cuando hay hijos o su

27

situación de pobreza es grave. Un fracaso familiar se vuelve mucho más traumático y doloroso cuando hay pobreza, porque hay muchos menos recursos para reorientar la existencia. Una persona pobre que pierde el ámbito de la tutela de la familia queda doblemente expuesta al abandono y a todo tipo de riesgos para su integridad.

Amoris laetitia, nn. 241, 242

No a la discriminación

A las personas divorciadas que viven en nueva unión, es importante hacerles sentir que son parte de la Iglesia, que «no están excomulgadas» y no son tratadas como tales, porque siempre integran la comunión eclesial. Estas situaciones exigen un atento discernimiento y un acompañamiento con gran respeto, evitando todo lenguaje y actitud que las haga sentir discriminadas, y promoviendo su participación en la vida de la comunidad. Para la comunidad cristiana, hacerse cargo de ellos no implica un debilitamiento de su fe y de su testimonio acerca de la indisolubilidad matrimonial, es más, en ese cuidado expresa precisamente su caridad.

Amoris laetitia, n. 243

Integración, no excomunión

¿Qué hacemos con los divorciados vueltos a casar, qué puerta se puede abrir? Hay inquietud en la curia: ¿Vamos a darles la comunión? No es una solución darles la comunión. Sólo esto no es la solución, la solución es la integración.

No están excomulgados. Pero no pueden ser padrinos de bautizo, no pueden leer las Escrituras en la misa, no pueden hacer la comunión, no pueden enseñar el catequismo, no pueden hacer tantas cosas, tengo la lista allí. Si tomo en cuenta esto, ¡perecerían excomulgados de hecho! Entonces, ¡abramos un poco más las puertas! ¿Por qué no pueden ser padrinos?

«No, mira qué ejemplo le darían al ahijado?» El ejemplo de un hombre y de una mujer que digan: «Mira querido, yo me equivoque, me resbale en este punto pero creo que el Señor me ama, por eso deseo seguir a Dios, el pecado no me ha ganado, yo sigo adelante».

¿Pero qué ejemplo es éste? Pero si llega uno de estos políticos que tenemos, corruptos, que haga de padrino y está casado por la Iglesia, ¿usted lo acepta? ¿Y qué ejemplo le da al ahijado? ¿El ejemplo de la corrupción?

Entrevista para La Nación, 7 de diciembre de 2014

Familias «replay»

La familia vive una crisis. ¿Cómo integrar en la vida de la Iglesia a las familias «replay»? Es decir las de segunda unión que a veces resultan ser fenomenales... mientras que las primeras son un fracaso. ¿Cómo integrarlas? Que vayan a la Iglesia. Entonces se simplifica y se dice: «Ah, que les den la comunión a los divorciados». Con esto no se resuelve nada. Lo que quiere la Iglesia es que tú te sientas parte de la vida de la Iglesia. Pero hay algunos que dicen: «No, yo quiero hacer la comunión y punto». Como si la comunión fuera un título honorífico, un galardón, un premio. No. Tienes que reintegrarte.

Hace falta integración. Si creen, aunque vivan una situación definida irregular y la reconozcan, no es un obstáculo. Cuando hablamos de integración queremos decir todo esto. Y luego acompañarlos en sus procesos interiores.

Entrevista, 13 de marzo de 2015

No sólo leyes morales

Un pastor no puede sentirse satisfecho sólo aplicando leyes morales a quienes viven en situaciones «irregulares», como si fueran piedras que se lanzan sobre la vida de las personas. A causa de los condicionamientos o factores atenuantes, es posible que, en medio de una situación objetiva de pecado —que no sea subjetivamente culpable o que no lo sea de modo pleno—, se pueda vivir en la gracia de Dios, se pueda amar, y también se pueda crecer en la vida de la gracia y la caridad, recibiendo para ello la ayuda de la Iglesia.

En algunos casos, podrían ser de ayuda los Sacramentos. Por eso, les recuerdo a los sacerdotes que el confesionario no tiene que ser una sala de tortura, sino el lugar de la misericordia del Señor. Igualmente indico que la Eucaristía no es un premio para los perfectos, sino que es un generoso remedio y un alimento para los débiles.

El discernimiento debe ayudar a encontrar los posibles caminos de respuesta a Dios y de crecimiento en medio de los límites. Por creer que todo es blanco o negro a veces cerramos el camino de la gracia y del crecimiento, y desalentamos caminos de santificación que dan gloria a Dios. Recordemos que un pequeño paso, en medio de grandes límites humanos, puede ser más agradable a Dios que la vida exteriormente correcta de quien transcurre sus días sin enfrentar importantes dificultades. La pastoral concreta de los ministros y de las comunidades no puede dejar de incorporar esta realidad.

Amoris laetitia, n. 305

Puertas abiertas

En el encuentro con las familias en Tuxtla Gutiérrez había una pareja de casados en segunda unión, integrados en la pastoral de la Iglesia, y la palabra clave que usó el Sínodo y que yo retomaría es «integrar» en la vida de la Iglesia a las familias heridas, las familias vueltas a casar y todo esto. ¡Pero sin olvidar a los hijos que están en el medio! Ellos son las primeras víctimas, sea por las heridas, sea por las condiciones de pobreza, de trabajo, de todo esto.

Éste es el punto de llegada. Es trabajo de integración... Todas las puertas están abiertas, pero no se puede decir: «Desde ahora en adelante estas personas pueden comulgar». Esto sería una herida también para los esposos, para la pareja, porque esto no los haría proceder por ese camino de integración. Y estos dos eran felices y usaron una expresión muy linda: «Nosotros no hacemos la comunión eucarística, pero sí estamos en comunión cuando visitamos el hospital, en este servicio y en aquél». Su integración ha permanecido así. Si hay algo más, se los dirá el Señor.

Conferencia de prensa durante vuelo de regreso desde México,
17 de febrero de 2016

Cuando la separación es inevitable

Hay casos donde la separación es inevitable. A veces puede llegar a ser incluso moralmente necesaria, cuando se trata de sustraer al cónyuge más débil, o a los hijos pequeños, de las heridas causadas por la prepotencia y la violencia, el desaliento y la explotación, la ajenidad y la indiferencia.

No faltan, gracias a Dios, los que, apoyados en la fe y en el amor por los hijos, dan testimonio de su fidelidad a un vínculo en el que han creído, aunque parezca imposible hacerlo revivir. No todos los separados, sin embargo, sienten esta vocación. No todos reconocen, en la soledad, una llamada que el Señor les dirige. A nuestro alrededor encontramos diversas familias en situaciones así llamadas irregulares —a mí no me gusta esta palabra— y nos planteamos muchas interrogantes. ¿Cómo ayudarlas? ¿Cómo acompañarlas? ¿Cómo acompañarlas para que los niños no se conviertan en rehenes del papá o la mamá?

Pidamos al Señor una fe grande, para mirar la realidad con la mirada de Dios; y una gran caridad, para acercarnos a las personas con su corazón misericordioso.

Audiencia, 24 de junio de 2015

2

FAMILIAS EN CRISIS

*Cada familia, aun en su fragilidad, puede convertirse
en una luz en la oscuridad del mundo.*
Twitter, 9 de abril de 2016

Jesús no excluye a nadie

Jesús no excluyó a nadie, y construyó puentes, no muros. Su mensaje de salvación es para todos. El buen evangelizador está dispuesto a escuchar a todos.

Afortunadamente ahora es un buen tiempo para la vida de la Iglesia. Porque yo me acuerdo que cuando era niño se oía en las familias católicas, también en la mía: «No, a su casa no podemos ir, porque no están casados por la Iglesia». ¡No, no podías ir! O porque eran socialistas o ateos, ¡no podemos ir! Ahora gracias a Dios, no, no se dice eso.

Pablo siguió el modo de proceder de Jesús, que habló con todos: oyó las palabras de la samaritana y dialogó con ella; comía con los fariseos, con los pecadores, con los publicanos, con los doctores de la ley. Jesús escucha a todos y condena sólo al final, cuando no hay nada más que hacer.

Si lo que nos detiene es el temor a equivocarnos, es necesario pensar que podemos levantarnos y continuar para seguir adelante. Los que no caminan para no equivocarse cometen un error más grave.

Meditación matutina en la capilla de la Domus Sanctae Marthae, 8 de mayo de 2013

La importancia de la educación

Recuerdo el caso de una niña muy triste que al final confió a la maestra la razón de su malestar: «La novia de mi madre no me quiere». El porcentaje de niños que estudian en la escuela y que tienen padres separados es elevadísima. Las situaciones que vivimos hoy presentan nuevos desafíos que son difíciles de entender también para nosotros.

¿Cómo anunciar a Cristo a estos niños y niñas? ¿Cómo anunciar a Cristo a una generación que cambia?

Hay que estar muy atentos a no administrarles una vacuna contra la fe.

Los pilares de la educación son: «Transmitir conocimiento, transmitir maneras de hacer, transmitir valores. A través de éstos se transmite la fe». El educador tiene que estar a la altura, tiene que preguntarse cómo anunciar a Jesús Cristo a una generación que cambia.

¡El deber educativo es hoy una misión clave, clave, clave!

Audiencia con los Superiores Generales de los Jesuitas,
29 de noviembre de 2013

Familias que sufren

La familia es escuela privilegiada de generosidad, de compartir, de responsabilidad, escuela que educa para superar una cierta mentalidad individualista que se abrió camino en nuestras sociedades. Sostener y promover a las familias, valorando en ellas su papel fundamental y central, es trabajar por un desarrollo equitativo y solidario.

No podemos ignorar el sufrimiento de tantas familias debido a la falta de trabajo, al problema de la casa, a la imposibilidad práctica de elegir libremente las propias opciones educativas; el sufrimiento debido a los conflictos internos de las familias mismas, a los fracasos de la experiencia conyugal y familiar, a la violencia que lamentablemente anida y provoca daños incluso en el seno de nuestras casas. Con todos debemos y queremos estar especialmente cerca, con respeto y auténtico sentido de fraternidad y solidaridad. Queremos, sobre todo, recordar el testimonio sencillo, pero hermoso y valiente, de tantísimas familias que viven la experiencia del matrimonio y de ser padres con alegría, iluminados y sostenidos por la gracia del Señor, sin miedo de afrontar incluso los momentos de la cruz que, vivida en unión con la del Señor, no impide el camino del amor, sino que, es más, puede hacerlo más fuerte y más completo.

Mensaje, septiembre de 2013

El fracaso de la vida matrimonial

Hoy quiero centrar nuestra atención en otra realidad: cómo ocuparnos de quienes, tras el irreversible fracaso de su vínculo matrimonial, han iniciado una nueva unión.

La Iglesia sabe bien que esa situación contradice el Sacramento cristiano. Sin embargo, su mirada de maestra se nutre siempre en un corazón de madre; un corazón que, animado por el Espíritu Santo, busca siempre el bien y la salvación de las personas. He aquí por qué siente el deber, «por amor a la verdad», de «discernir bien las situaciones». Así se expresaba san Juan Pablo II, diferenciando entre quien sufrió la separación respecto a quien la provocó. Se debe hacer este discernimiento.

Si luego contemplamos esta nueva unión con los ojos de los hijos pequeños —y los pequeños miran—, con los ojos de los niños, vemos aún más la urgencia de desarrollar en nuestras comunidades una acogida real hacia las personas que viven tales situaciones. Por ello es importante que el estilo de la comunidad, su lenguaje, sus actitudes, estén siempre atentas a las personas, partiendo de los pequeños. Ellos son los que sufren más en estas situaciones. Por lo demás, ¿cómo podremos recomendar a estos padres que hagan todo lo posible para educar a sus hijos en la vida cristiana, dándoles el ejemplo de una fe convencida y practicada, si los tuviésemos alejados de la vida de la comunidad, como si estuviesen excomulgados? ¡Se debe obrar de tal forma que no se sumen otros pesos además de los que los hijos, en estas situaciones, ya tienen que cargar!

En estas décadas, en verdad, la Iglesia no ha sido ni insensible ni perezosa. Gracias a la profundización realizada por los Pastores, guiada y confirmada por mis Predecesores, creció mucho la conciencia de que es necesaria una acogida fraterna y atenta, en el amor y en la verdad, hacia los bautizados que iniciaron una nueva convivencia tras el fracaso del matrimonio sacramental. En efecto, estas personas no están excomulgadas y de ninguna manera se las debe tratar como tales: ellas forman siempre parte de la Iglesia.

Audiencia, 5 de agosto de 2015

Pobreza material y espiritual

La familia tiene muchos problemas que la ponen a prueba. Una de estas pruebas es la pobreza. Pensemos en las numerosas familias que viven en las periferias de las grandes ciudades, pero también en las zonas rurales... ¡Cuánta miseria, cuánta degradación! Y luego, para agravar la situación, en algunos lugares llega también la guerra.

A pesar de esto, hay muchas familias pobres que buscan vivir con dignidad su vida diaria, a menudo confiando abiertamente en la bendición de Dios. Esta lección, sin embargo, no debe justificar nuestra indiferencia, sino aumentar nuestra vergüenza por el hecho de que exista tanta pobreza.

Es casi un milagro que, en medio de la pobreza, la familia siga formándose, e incluso siga conservando —como puede— la especial humanidad de sus relaciones.

Nosotros deberíamos arrodillarnos ante estas familias, que son una auténtica escuela de humanidad que salva las sociedades de la barbarie.

Quedamos siempre muy conmovidos cuando vemos imágenes de niños desnutridos y enfermos que nos muestran en muchas partes del mundo. Al mismo tiempo, nos conmueve también mucho la mirada resplandeciente de muchos niños, privados de todo, que están en escuelas carentes de todo, cuando muestran con orgullo su lápiz y su cuaderno. ¡Y cómo miran con amor a su maestro o a su maestra! Ciertamente los niños saben que el hombre no vive sólo de pan. También del afecto familiar. Cuando hay miseria los niños sufren, porque ellos quieren el amor, los vínculos familiares.

A estos factores materiales se suma el daño causado a la familia por pseudo-modelos, difundidos por los medios de comunicación social basados en el consumismo y el culto de la apariencia, que influencian a las clases sociales más pobres e incrementan la disgregación de los vínculos familiares.

Audiencia General, 3 de junio de 2015

Las cargas

Las dificultades que hoy pesan sobre la vida familiar son muchas. Aquí, en las Filipinas, multitud de familias siguen sufriendo los efectos de los desastres naturales. La situación económica ha provocado la separación de las familias a causa de la migración y la búsqueda de empleo, y los problemas financieros pesan sobre muchos hogares. Si, por un lado, demasiadas personas viven en pobreza extrema, otras, en cambio, están atrapadas por el materialismo y un estilo de vida que destruye la vida familiar y las más elementales exigencias de la moral cristiana. Éstas son las colonizaciones ideológicas.

Discurso, 16 de enero de 2015

3

PRESOS

Queridos reos, habéis probado grandes dolores, podéis devenir profetas
de una sociedad que no genere más violencia y exclusión.

Twitter, 17 de febrero de 2016

Los caminos de la vida

Todos sabemos que vivir es caminar, vivir es andar por distintos caminos, distintos senderos que dejan su marca en nuestra vida.

Y por la fe sabemos que Jesús nos busca, quiere sanar nuestras heridas, curar nuestros pies de las llagas de un andar cargado de soledad, limpiarnos del polvo que se fue impregnando por los caminos que cada uno tuvo que transitar. Jesús no nos pregunta por dónde anduvimos, no nos interroga qué estuvimos haciendo.

Él viene a nuestro encuentro para calzarnos de nuevo con la dignidad de los hijos de Dios. Nos quiere ayudar a recomponer nuestro andar, reemprender nuestro caminar, recuperar nuestra esperanza, restituirnos en la fe y la confianza. Quiere que volvamos a los caminos, a la vida, sintiendo que tenemos una misión; que este tiempo de reclusión nunca ha sido y nunca será sinónimo de expulsión.

Vivir supone «ensuciarse los pies» por los caminos polvorientos de la vida y de la historia. Y todos tenemos necesidad de ser purificados, de ser lavados. Todos. Yo el primero. Todos somos buscados por este Maestro que nos quiere ayudar a reemprender el camino. A todos nos busca el Señor para darnos su mano.

Es penoso constatar sistemas penitenciarios que no buscan curar las llagas, sanar las heridas, generar nuevas oportunidades. Es doloroso constatar cuando se cree que sólo algunos tienen necesidad de ser lavados, purificados, no asumiendo que su cansancio y su dolor, sus heridas, son también el cansancio, el dolor, las heridas, de toda una sociedad.

Este momento de la vida de ustedes sólo puede tener una finalidad: tender la mano para volver al camino, tender la mano para que ayude a la reinserción social. Una reinserción de la que todos formamos parte, a la que todos estamos invitados a estimular, acompañar y generar. Una reinserción buscada y deseada por todos: reclusos, familias, funcionarios, políticas sociales y educativas. Una reinserción que beneficia y levanta la moral de toda la comunidad y la sociedad.

Visitas a los presos de Filadelfia,
27 de septiembre de 2015

Todos estamos heridos

Pedro y Pablo, discípulos de Jesús, también estuvieron presos. También fueron privados de la libertad. En esa circunstancia hubo algo que los sostuvo, algo que no los dejó caer en la desesperación, que no los dejó caer en la oscuridad que puede brotar del sinsentido. Y fue la oración. Fue orar. Oración personal y comunitaria, que nos sostienen de la desesperanza y nos estimulan a seguir caminando.

Porque cuando Jesús entra en la vida, uno no queda detenido en su pasado sino que comienza a mirar el presente de otra manera, con otra esperanza. Uno comienza a mirar con otros ojos su propia persona, su propia realidad. No queda anclado en lo que sucedió, sino que es capaz de llorar y encontrar ahí la fuerza para volver a empezar. Y si en algún momento estamos tristes, estamos mal, bajoneados, los invito a mirar el rostro de Jesús crucificado.

En las llagas de Jesús encuentran lugar nuestras llagas. Porque todos estamos llagados, de una u otra manera. Él murió por vos, por mí, para darnos su mano y levantarnos. Jesús quiere levantarlos siempre. Y esta certeza nos moviliza a trabajar por nuestra dignidad. Reclusión no es lo mismo que exclusión, porque la reclusión forma parte de un proceso de reinserción en la sociedad.

Son muchos los elementos que juegan en su contra en este lugar: el hacinamiento, la lentitud de la justicia, la falta de terapias ocupacionales y de políticas de rehabilitación, la violencia, la carencia de facilidades de estudios universitarios...

Sin embargo, mientras se lucha por eso, no podemos dar todo por perdido. Hay cosas que hoy podemos hacer.

Aquí, en este Centro de Rehabilitación, la convivencia depende en parte de ustedes. El sufrimiento y la privación pueden volver nuestro corazón egoísta y dar lugar a enfrentamientos, pero también tenemos la capacidad de convertirlo en ocasión de auténtica fraternidad. Ayúdense entre ustedes. No tengan miedo a ayudarse entre ustedes. El demonio busca la pelea, busca la rivalidad, la división, los bandos. No le hagan el juego. Luchen por salir adelante unidos.

Discurso en el Centro de Rehabilitación Santa Cruz, Bolivia,
10 de julio de 2015

Una nueva historia

A veces pareciera que las cárceles se proponen incapacitar a las personas para seguir cometiendo delitos más que promover los procesos de reinserción que permitan atender los problemas sociales, psicológicos y familiares que llevaron a una persona a determinada actitud.

Sabemos que no se puede volver atrás, sabemos que lo realizado, realizado está; pero, he querido celebrar con ustedes el Jubileo de la misericordia, para que quede claro que eso no quiere decir que no haya posibilidad de escribir una nueva historia, una nueva historia hacia delante.

Ustedes sufren el dolor de la caída; sienten el arrepentimiento de sus actos y sé que, en tantos casos, entre grandes limitaciones, buscan rehacer esa vida desde la soledad. Han conocido la fuerza del dolor y del pecado, no se olviden que también tienen a su alcance la fuerza de la resurrección, la fuerza de la misericordia divina que hace nuevas todas las cosas. Luchen desde acá dentro por revertir las situaciones que generan más exclusión. Quien ha sufrido el dolor al máximo, y que podríamos decir «experimentó el infierno», puede volverse un profeta en la sociedad. Trabajen para que esta sociedad que usa y tira a la gente, no siga cobrándose víctimas.

Al decirles estas cosas, recuerdo aquellas palabras de Jesús: «El que esté sin pecado que tire la primera piedra» (Gv 8,7), y yo me tendría que ir... Al decirles estas cosas no lo hago como quien da cátedra, con el dedo en alto, lo hago desde la experiencia de mis propias heridas, de errores y pecados que el Señor quiso perdonar y reeducar. Lo hago desde la conciencia de que, sin su gracia y mi vigilancia, podría volver a repetirlos. Hermanos, siempre me pregunto al entrar a una cárcel: «¿Por qué ellos y no yo?». Y es un misterio de la misericordia divina.

Discurso en Centro de Readaptación Social de Ciudad Juárez, México,
17 de febrero de 2016

Si en la vida nos hemos equivocado

A veces sucede que nos sentimos decepcionados, desanimados, abandonados por todos: ¡Pero Dios no se olvida de sus hijos, nunca los abandona! Él está siempre a nuestro lado, especialmente en el momento de la prueba; es un Padre «rico en misericordia» (Ef 2, 4), que dirige siempre hacia nosotros su mirada serena y benévola, nos espera siempre con los brazos abiertos.

Ésta es una certeza que infunde consuelo y esperanza, especialmente en los momentos difíciles y tristes. Incluso si en la vida nos hemos equivocado, el Señor no se cansa de indicarnos el camino del regreso y del encuentro con Él. El amor de Jesús hacia cada uno de nosotros es fuente de consuelo y de esperanza. Es una certeza fundamental para nosotros: nada podrá jamás separarnos del amor de Dios, ni siquiera las barras de una cárcel. Lo único que nos puede separar de Él es nuestro pecado; pero si lo reconocemos y lo confesamos con arrepentimiento sincero, precisamente ese pecado se convierte en lugar de encuentro con Él, porque Él es misericordia.

Queridos hermanos, conozco vuestras situaciones dolorosas: me llegan muchas cartas —algunas verdaderamente conmovedoras— desde los centros penitenciarios de todo el mundo.

Muy a menudo los reclusos son tenidos en condiciones indignas de la persona humana, y luego no logran reinsertarse en la sociedad. Pero gracias a Dios hay también dirigentes, capellanes, educadores, agentes pastorales que saben estar cerca de vosotros de la forma adecuada. Y hay algunas experiencias buenas y significativas de inserción. Es necesario trabajar en esto, desarrollar estas experiencias positivas, que hacen crecer una actitud distinta en la comunidad civil y también en la comunidad de la Iglesia.

En la base de este compromiso está la convicción de que el amor puede transformar a la persona. Y entonces un lugar de marginación, como puede ser la cárcel, se puede convertir en lugar de inclusión y de estímulo para la sociedad, para que sea más justa, más atenta a las personas.

Discurso a los presos de Poggioreale, 21 de marzo de 2015

Presos y reinserción

En las reflexiones que se refieren a los detenidos, se destaca a menudo el tema del respeto de los derechos funda-

44

mentales del hombre y la exigencia de correspondientes condiciones de expiación de la pena. Pero esta perspectiva no es todavía suficiente si no está acompañada y completada por un compromiso concreto de las instituciones con vistas a una efectiva reinserción en la sociedad.

Cuando esta finalidad se descuida, la ejecución de la pena se degrada a un instrumento de sólo castigo o venganza social, a su vez perjudicial para el individuo y para la sociedad. Y Dios no hace esto con nosotros. Dios, cuando nos perdona, nos acompaña y nos ayuda en el camino. Siempre. Incluso en las cosas pequeñas. Cuando vamos a confesarnos, el Señor nos dice: «Yo te perdono. Pero ahora ven conmigo». Y Él nos ayuda a retomar el camino. Jamás condena. Jamás sólo perdona, sino que perdona y acompaña.

Por otro lado, una auténtica y plena reinserción de la persona no tiene lugar como término de un itinerario solamente humano. En este camino entra también el encuentro con Dios, la capacidad de dejarnos mirar por Dios que nos ama. Es más difícil dejarse mirar por Dios que mirar a Dios. Es más difícil dejarse encontrar por Dios que encontrar a Dios, porque en nosotros hay siempre una resistencia. Y Él te espera, Él nos mira, Él nos busca siempre. Este Dios que nos ama, que es capaz de comprendernos, capaz de perdonar nuestros errores. El Señor es un maestro de reinserción: nos toma de la mano y nos vuelve a llevar a la comunidad social.

Deseo a cada uno de vosotros que este tiempo no sea un tiempo perdido, sino que sea un tiempo precioso, durante el cual podáis pedir y obtener de Dios esta gracia. Actuando así contribuiréis a ser mejores, ante vosotros mismos, pero al mismo tiempo también ante la comunidad, porque, en el bien y en el mal, nuestras acciones influyen en los demás y en toda la familia humana.

Por favor, os pido que recéis por mí, porque también yo tengo mis errores y debo hacer penitencia.

Discurso en la plaza de la cárcel de Castrovillari, (Cosenza),
21 de junio de 2014

Aprender a levantarse

Escuchad bien esto: ¡Dios perdona todo! ¿Entendido? Somos nosotros los que no sabemos perdonar. Somos nosotros los que no encontramos caminos de perdón, muchas veces por incapacidad o porque —la niña que hizo esta pregunta tiene al papá en la cárcel— es más fácil llenar las cárceles que ayudar a seguir adelante a quien se ha equivocado en la vida. ¿El camino más fácil? Vamos a la cárcel. Y no hay perdón. El perdón, ¿qué significa? ¿Has caído? ¡Levántate! Yo te ayudaré a levantarte, a reinsertarte en la sociedad. Siempre está el perdón y nosotros debemos aprender a perdonar, pero así: ayudando a reinsertar a quien se equivocó. Hay una hermosa canción que cantan Los Alpinos. Dice más o menos así: «En el arte de subir, la victoria no está en no caer, sino en no permanecer caído». Todos caemos, todos nos equivocamos. Pero nuestra victoria ante nosotros mismos y ante los demás —para nosotros mismos— es no permanecer «caídos» y ayudar a los demás a no permanecer «caídos». Y esto es un trabajo muy difícil, porque es más fácil descartar de la sociedad a una persona que ha cometido un gran error y condenarlo a muerte, encerrándolo en cadena perpetua... El trabajo debe ser siempre el de reintegrar, no permanecer «caídos».

Discurso a niños y jóvenes de las escuelas italianas,

11 de mayo de 2015

Transformar el pasado

No dejéis que el pasado os encierre, al contrario transfórmenlo en un camino de crecimiento, de fe y de caridad. Denle a Dios la posibilidad de haceros «brillar» a través de esta experiencia.

Os agradezco por haber pensado en mí en medio de las dificultades de vuestra vida actual. Os confieso que yo también muchas veces pienso en ustedes y en las personas que, como vosotros, viven en la cárcel. Por esta razón, en mis visitas pastorales siempre solicito, cuando es posible, convivir con hermanos y hermanas que viven en libertad limitada, para llevarles afecto y cercanía. Vivís una experiencia en la cual el tiempo parece inmóvil, parece que nunca termina. Pero la verdadera medida del tiempo no es la del reloj.

Estén seguros de que Dios nos ama personalmente: para Él no importa vuestra edad o cultura, no importa quién habéis sido, las cosas que habéis hecho, las metas que habéis conseguido, las faltas que habéis cometido, las personas que habéis herido.

En la historia de la Iglesia muchos santos han llegado a su santidad a través de experiencias duras y difíciles.

47

Abrid la puerta de vuestro corazón a Cristo y Cristo dará un giro a vuestra situación.

Carta a los presos del Centro Penitenciario de Velletri (Roma),
25 de abril de 2016

La puerta de la celda

Mi pensamiento se dirige también a los presos, que experimentan la limitación de su libertad. El Jubileo siempre ha sido la ocasión de una gran amnistía, destinada a hacer partícipes a muchas personas que, incluso mereciendo una pena, sin embargo han tomado conciencia de la injusticia cometida y desean sinceramente integrarse de nuevo en la sociedad dando su contribución honesta.

Que a todos ellos llegue realmente la misericordia del Padre que quiere estar cerca de quien más necesita de su perdón.

En las capillas de las cárceles podrán ganar la indulgencia, y cada vez que atraviesen la puerta de su celda, dirigiendo su pensamiento y la oración al Padre, pueda este gesto ser para ellos el paso de la Puerta Santa, porque la misericordia de Dios, capaz de convertir los corazones, es también capaz de convertir las rejas en experiencia de libertad.

Carta, 1 de septiembre de 2015

Cerca de quien sufre

Debemos salir e ir hasta las periferias. La cárcel es una de las periferias más feas, con más dolor. Ir a la cárcel significa, ante todo, decirse a sí mismo: «Si yo no estoy aquí, como ésta, como éste, es por pura gracia de Dios».

Si no hemos cometido estos errores, incluso estos delitos o crímenes, algunos graves, es porque el Señor nos ha llevado de la mano. No se puede entrar en la cárcel con el espíritu de «yo vengo aquí a hablarte de Dios, porque, ten paciencia, tú eres de una clase inferior, eres un pecador...» ¡No, no! Yo soy más pecador que tú, y éste es mi primer paso. En la cárcel uno puede decirlo con mucha valentía; pero debemos decirlo siempre. Cuando vamos a predicar a Jesucristo a gente que no lo conoce, o que lleva una vida que no parece muy moral, puedo pensar que yo soy más pecador que él, porque si yo no he caído en esa situación es por la gracia de Dios.

Pídele al Señor permanecer abierto a la voz del Espíritu, para ir a esa periferia. Después, mañana, tal vez, te pedirá que vayas a otra, no lo sabes... Pero siempre es el Señor quien nos envía. Y en la cárcel decir siempre esto, también con tantas personas que sufren: ¿por qué esta persona sufre y yo no? ¿Por qué esta persona no conoce a Dios, no tiene esperanza en la vida eterna, piensa que todo termina aquí, y yo no? ¿Por qué esta persona es acusada en los tribunales porque es corrupta, por esto otro..., y yo no? ¡Por la gracia del Señor!

La cadena perpetua es una condena a muerte, porque se sabe que de allí no se sale. Es duro. ¿Qué le digo a ese hombre? ¿Qué le digo a esa mujer? Quizá..., no decir nada. Tomarle la mano, acariciarlo, llorar con él, llorar con ella... Así, tener los mismos sentimientos de Cristo Jesús. Acercarse al corazón que sufre. Muchas veces no podemos decir nada, nada, porque una palabra sería una ofensa. Solamente los gestos. Los gestos que hacen ver el amor. «Tú eres un condenado a cadena perpetua, aquí, pero yo comparto contigo este trozo de vida de cadena perpetua». Compartir con amor, nada más. Esto es sembrar el amor.

Discurso, 30 de abril de 2015

Acusarse a sí mismo

Cuando comenzamos a mirar todo aquello de lo que somos capaces, nos sentimos mal, sentimos repugnancia y llegamos a preguntarnos: «¿Pero yo soy capaz de hacer esto?». Por ejemplo, cuando encuentro en mi corazón una envidia y sé que esa envidia es capaz de hablar mal del otro y matarlo moralmente, me tengo que preguntar: «¿Soy capaz de ello? ¡Sí, yo soy capaz!». Y precisamente así comienza esta sabiduría, esta sabiduría de acusarse a sí mismo.

Por consiguiente, si no aprendemos este primer paso de la vida, jamás daremos pasos hacia adelante por el camino de la vida cristiana, de la vida espiritual.

Cuando vamos por la calle y pasamos ante una prisión, podríamos pensar que los detenidos «se lo merecen». Pero ¿sabes que si no hubiese sido por la gracia de Dios, tú estarías allí? ¿Has pensado que eres capaz de hacer las cosas que ellos hicieron, incluso peores? Esto, precisamente, es acusarse a sí mismo, no esconder a uno mismo las raíces del pecado que están en nosotros, las tantas cosas que somos capaces de hacer, aunque no se vean.

Es una actitud que nos lleva a la vergüenza delante de Dios, y ésta es una virtud: la vergüenza delante de Dios. Para avergonzarse hay que decir: «Mira, Señor, siento repugnancia de mí mismo, pero tú eres grande: a mí la vergüenza, a ti —y la pido— la misericordia».

Jesús es claro: «Sed misericordiosos como vuestro Padre es misericordioso». Por lo demás, «cuando uno aprende a acusarse a sí mismo es misericordioso con los demás». Y puede decir: «¿Pero quién soy yo para juzgarlo, si soy capaz de hacer cosas peores?».

Es una frase importante: «¿Quién soy yo para juzgar al otro?». Esto se comprende a la luz de la palabra de Jesús «Sed misericordiosos como vuestro Padre es misericordioso» y con su invitación a «no juzgar». En cambio, ¡cómo nos gusta juzgar a los demás, hablar mal de ellos! Sin embargo, el Señor es claro: «No juzguéis y no seréis juzgados; no condenéis y no seréis condenados; perdonad y seréis perdonados».

Meditación matutina en la capilla de la Domus Sanctae Marthae, 2 de marzo de 2015

¿Por qué él y yo no?

Para el desafío de la reinserción social se necesita un itinerario, un camino, tanto en lo externo, en la cárcel, en la sociedad, como en el interior, en la conciencia y en el corazón. Realizar el camino de reinserción, que todos debemos hacer. Todos. Todos cometemos errores en la vida. Y todos debemos pedir perdón por estos errores y hacer un camino de reinserción, para no cometerlos más. Algunos hacen este camino en la propia casa, en el propio trabajo; otros, como vosotros, en un centro penitenciario. Pero todos, todos... Quien dice que no tiene necesidad de hacer un camino de reinserción es un mentiroso. Todos nos equivocamos en la vida y también, todos, somos pecadores.

Lo importante es no estar inerte. Todos sabemos que cuando el agua se estanca se pudre. Hay un dicho en español que dice: «El agua estancada es la primera en corromperse». No permanecer estancados. Debemos caminar, dar un paso cada día, con la ayuda del Señor. Algunos piensan que hacen un camino de castigo, de errores, de pecados y que sólo es sufrir, sufrir, sufrir... Es verdad, es verdad, se sufre. Como dijo vuestro compañero, aquí se sufre. Se sufre dentro y se sufre también fuera, cuando uno ve que la propia conciencia no es pura, está sucia, y quiere cambiarla. Ese sufrimiento que purifica, ese fuego que purifica el oro, es un sufrimiento con esperanza. Él nos perdona, nos toma de la mano y nos ayuda a seguir adelante en este camino de la reinserción, en la propia vida personal y también en la vida social. Esto lo hace con todos nosotros. Pensar que el orden interior de una persona se corrija solamente «a bastonazos» —no sé si se dice así—, que se corrija solamente con el castigo, esto no es de Dios, esto es un error. Algunos piensan: «No, no, se debe castigar más, más años, de más». Esto no resuelve nada, ¡nada! Enjaular a la gente porque —disculpad la palabra— por el solo hecho de que si está dentro estamos seguros, esto no sirve, no nos ayuda.

Os hago una confidencia. Cuando me encuentro con uno de vosotros, que está en un centro penitenciario, que está caminando hacia la reinserción, pero que está detenido, sinceramente me hago esta pregunta: ¿por qué él y no yo?

Discurso en el Centro Penitenciario de Isernia, 5 de julio de 2014

4

PERSONAS HOMOSEXUALES

Siempre hay que pensar en la persona.

Entrevista, 19 de septiembre de 2013

Dios ama a todas sus creaturas

A los homosexuales se les debe tratar con delicadeza y no deben ser marginados. En primer lugar, me gusta que se hable de «personas homosexuales», pues primero está la persona, con su entereza y dignidad. Y la persona no se define tan sólo por su tendencia sexual: no olvidemos que todos somos creaturas amadas por Dios, destinatarias de su infinito amor.

Yo prefiero que las personas homosexuales vengan a confesarse, que permanezcan cerca del Señor, que podamos rezar juntos. Puedes aconsejarles la oración, la buena voluntad, indicarles el camino, acompañarles.

Papa Francisco, El nombre de Dios es Misericordia

Respetar y acoger

Con los Padres sinodales, he tomado en consideración la situación de las familias que viven la experiencia de tener en su seno a personas con tendencias homosexuales, una

53

experiencia nada fácil ni para los padres ni para sus hijos. Por eso, deseamos ante todo reiterar que toda persona, independientemente de su tendencia sexual, ha de ser respetada en su dignidad y acogida con respeto, procurando evitar todo signo de injusta discriminación, y particularmente cualquier forma de agresión y violencia.

Por lo que se refiere a las familias, se trata por su parte de asegurar un respetuoso acompañamiento, con el fin de que aquellos que manifiestan una tendencia homosexual puedan contar con la ayuda necesaria para comprender y realizar plenamente la voluntad de Dios en su vida.

Amoris laetitia, n 250

La nueva ley

Con respecto a la ley que está en discusión en el Parlamento italiano sobre las uniones civiles entre personas del mismo sexo, un parlamentario católico debe votar según su propia conciencia bien formada. Diría sólo esto. Creo que es suficiente. Y digo «bien formada», porque no es la conciencia de «lo que me parece». Yo recuerdo cuando se votó el matrimonio de las personas del mismo sexo en Buenos Aires, que había un empate de votos, y al final uno dijo a otro: «Pero, ¿tú lo ves claro?». «No». «Ni tampoco yo». «Vámonos». «Si nos marchamos no lograremos el quórum». Y el otro dijo: «Pero si logramos el quórum, damos el voto a Kirchner», y el otro: «Prefiero darlo a Kirchner y no a Bergoglio». Y así seguían. Ésta no es una conciencia bien formada. Y sobre las personas del mismo sexo, repito lo que dije durante el viaje de regreso de Río de Janeiro y que se encuentra en el Catecismo de la Iglesia Católica.

Conferencia de prensa durante el vuelo de regreso desde México,
17 de febrero de 2016

La Iglesia no puede condenar

Tenemos que anunciar el Evangelio en cada calle, predicando la buena noticia del Reino y curando, también con nuestra predicación, cada tipo de enfermedad y herida.

En Buenos Aires recibí cartas de personas homosexuales, que son «heridos sociales» porque me dicen que sienten cómo siempre la Iglesia los ha condenado. Durante el vuelo de vuelta de Río de Janeiro he dicho que si una persona homosexual es de buena voluntad y está en busca de Dios, yo no soy nadie para juzgarla. Diciendo esto yo he dicho lo que dice el Catecismo. La religión tiene el derecho a expresar la misma opinión para el servicio de la gente, pero Dios en la creación nos ha hecho libres: la injerencia espiritual en la vida personal no es posible.

Una vez una persona de manera provocadora me preguntó si aprobaba la homosexualidad. Entonces yo le contesté con otra pregunta: «Dime: ¿Dios cuando mira a una persona homosexual, aprueba su existencia con cariño o la rechaza condenándola?».

Siempre hace falta considerar a la persona. Aquí entramos en el misterio del hombre. En la vida Dios acompaña a las personas, y nosotros tenemos que acompañarles a partir de su condición. Hace falta acompañar con misericordia.

Cuando esto ocurre, el Espíritu Santo inspira al sacerdote a decir la cosa más justa.

Entrevista para La Civiltà Cattolica,
19 de septiembre de 2013

5

NUEVOS ESCLAVOS

María, virgen fiel, protege a todas las mujeres objeto de
explotación y violencia.

Vía Crucis, 25 de marzo de 2016

No cerramos los ojos

Es preocupante ver aumentar el número de las chicas jóvenes y de las mujeres que son obligadas a ganarse la vida en la calle, vendiendo el propio cuerpo, explotadas por las organizaciones criminales y a veces por parientes y familiares.

Tal realidad es una vergüenza de nuestras sociedades que se jactan de ser modernas y de haber alcanzado altos niveles de cultura y desarrollo.

La corrupción difusa y la búsqueda de la ganancia a toda costa privan a los inocentes y a los más débiles de las posibilidades de una vida decorosa, alimentan la criminalidad de la trata y otras injusticias que cargan sobre sus hombros. ¡Nadie puede quedar inactivo frente a la urgente necesidad de salvaguardar la dignidad de la mujer, amenazada por factores culturales y económicos!

La Iglesia no puede callar, las instituciones no eclesiales no pueden cerrar los ojos frente al funesto fenómeno de los niños y las mujeres de la calle. Es importante involucrar las muchas expresiones de la comunidad cristiana en los países, con el fin de remover las causas que obligan un niño o una mujer a vivir en la calle o ganarse la vida en la calle.

Nosotros no podemos evitar llevar a todos, en particular a los más débiles y desfavorecidos, la bondad y ternura de Dios Padre misericordioso. La misericordia es el acto supremo con el que Dios viene hacia nosotros, es el camino que abre el corazón a la esperanza de ser queridos para siempre.

Y os invito ahora a rezar a la Virgen y a pedirle que arrulle a estos niños que viven en la calle, a estas mujeres... que sufren tanto.

Discurso, 17 de septiembre de 2015

Esclavitudes modernas

La explotación física, económica, sexual y psicológica de hombres, mujeres y niños y niñas actualmente encadena a decenas de millones de personas a la deshumanización y a la humillación.

Cada ser humano es imagen de Dios. Dios es Amor y libertad que se da en relaciones interpersonales, así cada ser humano es una persona libre destinada a existir para el bien de otros en igualdad y fraternidad.

Cada una y todas las personas son iguales y se les debe reconocer la misma libertad y la misma dignidad. Cualquier relación discriminante que no respete la convicción fundamental que el otro es como uno mismo constituye un delito, y tantas veces un delito aberrante.

Por eso, declaramos en nombre de todos y de cada uno de nuestros credos que la esclavitud moderna, en término de trata de personas, trabajo forzado, prostitución, explotación de órganos, es un crimen de lesa humanidad. Sus víctimas son de toda condición, pero la mayoría de las veces se hayan entre los más pobres y vulnerables de nuestros hermanos y hermanas.

A pesar de los grandes esfuerzos de muchos, la esclavitud moderna sigue siendo un flagelo atroz que está presente a gran escala en todo el mundo, incluso como turismo. Este crimen de lesa humanidad se enmascara en aparentes costumbres aceptadas, pero en realidad hace sus víctimas en la prostitución, la trata de personas, el trabajo forzado, el trabajo esclavo, la mutilación, la venta de órganos, el mal uso de la droga, el trabajo de niños.

Pido al Señor nos conceda hoy la gracia de convertirnos nosotros mismos en el prójimo de cada persona, sin excepción, y de brindarle ayuda activamente siempre que se cruce en nuestro camino, se trate ya de un anciano abandonado por todos, un trabajador injustamente esclavizado y despreciado, una refugiada o refugiado atrapado por los lazos de la mala vida, un joven o una joven que camine por las calles del mundo víctima del comercio sexual, un hombre o una mujer prostituida con engaños por gente sin temor de Dios, un niño o una niña mutilada de sus órganos.

Discurso en ocasión de la firma de la Declaración de los líderes religiosos contra
la esclavitud, 2 de diciembre de 2014

No herir la dignidad

En la época en que era rector del colegio Massimo de los jesuitas y párroco en Argentina, recuerdo a una madre que tenía niños pequeños y había sido abandonada por su marido. No tenía un trabajo fijo y tan sólo encontraba trabajos temporales algunos meses al año. Cuando no encontraba trabajo, para dar de comer a sus hijos era prostituta. Era humilde, frecuentaba la parroquia, intentábamos ayudarla a través de Cáritas. Recuerdo que un día —estábamos en la época de las fiestas navideñas—vino con sus hijos al colegio y preguntó por mí. Me llamaron y fui a recibirla. Había venido para darme las gracias. Yo creía que se trataba del paquete con los alimentos de Cáritas que le habíamos hecho llegar: «¿Lo ha recibido?», le pregunté. Y ella contestó: «Sí, sí, también le agradezco eso. Pero he venido aquí para darle las gracias sobre todo porque usted no ha dejado de llamarme señora». Son experiencias de las que uno aprende lo importante que es acoger con delicadeza a quien se tiene delante, a no herir su dignidad. Para ella, el hecho de que el párroco, aun intuyendo la vida que llevaba en los meses en que no podía trabajar, la siguiese llamando «señora» era casi tan importante, o incluso más, que esa ayuda concreta que le dábamos.

Papa Francisco, El nombre de Dios es Misericordia

La joya del renacer

Recuerdo el encuentro con una muchacha en la entrada de un santuario. Era guapa y sonriente. Me dijo: «Estoy contenta, padre, vengo a darle las gracias a la Virgen por una gracia que recibí». Era la mayor de sus hermanos, no tenía padre y para ayudar a mantener a la familia se prostituía: «En mi pueblo no había otro trabajo...». Me contó que un día al prostíbulo llegó un hombre. Estaba allí por trabajo, venía de una gran ciudad. Se gustaron y al final él le propuso que lo acompañara. Durante mucho tiempo ella le pidió a la Virgen que le diera un trabajo que le permitiera cambiar de vida. Estaba muy contenta de poder dejar de hacer lo que hacía.

Yo le hice dos preguntas: la primera tenía que ver con la edad del hombre que había conocido. Intentaba asegurarme de que no se tratara de una persona mayor que quisiera aprovecharse de ella. Me dijo que era joven. Y después le pregunté: «¿Y te casarías con él?». Y ella contestó: «Yo quisiera, pero no oso aún pedírselo por miedo a asustarlo...». Estaba muy contenta de poder dejar ese mundo donde había vivido para mantener a su familia.

Papa Francisco, El nombre de Dios es Misericordia

Sin libertad

A pesar de que la comunidad internacional ha adoptado diversos acuerdos para poner fin a la esclavitud en todas sus formas, y ha dispuesto varias estrategias para combatir este fenómeno, todavía hay millones de personas —niños, hombres y mujeres de todas las edades— privados de su libertad y obligados a vivir en condiciones similares a la esclavitud.

Pienso en las personas obligadas a ejercer la prostitución, entre las que hay muchos menores, y en los esclavos y esclavas sexuales; en las mujeres obligadas a casarse, en aquellas que son vendidas con vistas al matrimonio o en las entregadas en sucesión, a un familiar después de la muerte de su marido, sin tener el derecho de dar o no su consentimiento.

No puedo dejar de pensar en los niños y adultos que son víctimas del tráfico y comercialización para la extracción de órganos, para ser reclutados como soldados, para la mendicidad, para actividades ilegales como la producción o venta de drogas, o para formas encubiertas de adopción internacional.

Pienso finalmente en todos los secuestrados y encerrados en cautividad por grupos terroristas, puestos a su servicio como combatientes o, sobre todo las niñas y mujeres, como esclavas sexuales. Muchos de ellos desaparecen, otros son vendidos varias veces, torturados, mutilados o asesinados.

Es necesario que se reconozca el papel de la mujer en la sociedad, operando también a nivel cultural y de comunicación para obtener los resultados esperados.

Mensaje para la XLVIII Jornada Mundial de la Paz,

1 de enero de 2015

6

PERSONAS ANCIANAS

A veces descartamos a los mayores, pero ellos son un tesoro precioso: descartarles es injusto y una pérdida irremediable.

Twitter, 17 de junio de 2014

Honrar al mayor

La persona, en cualquier circunstancia, es un bien para sí misma y para los demás, y es amada por Dios. Por eso, cuando su vida se vuelve muy frágil y se acerca la conclusión de su existencia terrena, sentimos la responsabilidad de asistirla y acompañarla del mejor modo.

La Biblia reserva una severa advertencia a quienes descuidan o maltratan a los padres. Este mismo juicio vale hoy cuando los padres, siendo ancianos y menos útiles, permanecen marginados hasta el abandono; ¡y tenemos muchos ejemplos!

La Palabra de Dios es siempre viva, y vemos bien cómo el mandamiento tiene apremiante actualidad para la sociedad contemporánea, en la que la lógica de la utilidad prevalece sobre la de la solidaridad y la gratuidad, incluso en el seno de las familias.

No hay deber más importante para una sociedad que el de cuidar a la persona humana. Ante todo, los ancianos tienen necesidad del cuidado de sus familiares, cuyo afecto ni siquiera las estructuras públicas más eficientes o los agentes sanitarios más competentes y caritativos pueden sustituir. Cuando no son autosuficientes o tienen enfermedades avanzadas o terminales, los ancianos pueden disponer de una asistencia verdaderamente humana y recibir respuestas adecuadas a sus exigencias gracias a los cuidados paliativos ofrecidos como integración y apoyo a la atención prestada por sus familiares.

Los cuidados paliativos tienen el objetivo de aliviar el sufrimiento en la fase final de la enfermedad y al mismo tiempo garantizar al paciente un adecuado acompañamiento humano.

Se trata de un apoyo importante, sobre todo para los ancianos, que, a causa de su edad, reciben cada vez menos atención de la medicina curativa y a menudo permanecen abandonados.

El abandono es la «enfermedad» más grave del anciano, y también la injusticia más grande que puede sufrir: quienes nos han ayudado a crecer no deben ser abandonados cuando tienen necesidad de nuestra ayuda, nuestro amor y nuestra ternura.

Discurso, 5 de marzo de 2015

Los ancianos somos nosotros

Gracias a los progresos de la medicina la vida se ha alargado, ¡pero la sociedad no se ha «abierto» a la vida! El número de ancianos se ha multiplicado, pero nuestras sociedades no se han organizado lo suficiente para hacerles espacio, con justo respeto y concreta consideración a su fragilidad y dignidad. Mientras somos jóvenes, somos propensos a ignorar la vejez, como si fuese una enfermedad que hay que mantener alejada; luego cuando llegamos a ancianos, especialmente si somos pobres, si estamos enfermos y solos, experimentamos las lagunas de una sociedad programada a partir de la eficiencia, que, como consecuencia, ignora a los ancianos. Y los ancianos son una riqueza, no se pueden ignorar.

Una cultura de la ganancia insiste en presentar a los ancianos como un peso, un «estorbo». No sólo no producen, piensa esta cultura, sino que son una carga: en definitiva, ¿cuál es el resultado de pensar así? Se descartan. Es feo ver a los ancianos descartados, es algo feo, es pecado. No se dice abiertamente, pero se hace. Hay algo de cobardía en ese habituarse a la cultura del descarte, pero estamos acostumbrados a descartar gente. Queremos borrar nuestro ya crecido miedo a la debilidad y a la vulnerabilidad; pero actuando así aumentamos en los ancianos la angustia de ser mal soportados y abandonados.

Los ancianos son hombres y mujeres, padres y madres que estuvieron antes que nosotros en el mismo camino, en nuestra misma casa, en nuestra diaria batalla por una vida digna. Son hombres y mujeres de quienes recibimos mucho. El anciano no es un enemigo. El anciano somos nosotros: dentro de poco, dentro de mucho, inevitablemente, de todos modos, incluso si no lo pensamos. Y si no aprendemos a tratar bien a los ancianos, así nos tratarán a nosotros.

Un poco frágiles somos todos los ancianos. Algunos, sin embargo, son especialmente débiles, muchos están solos y con el peso de la enfermedad. Algunos dependen de tratamientos indispensables y de la atención de los demás. ¿Daremos por esto un paso hacia atrás? ¿Los abandonaremos a su destino?

Audiencia, 4 de marzo de 2015

Luchar contra la exclusión

La exclusión de los pobres y la dificultad de los indigentes a la hora de recibir la atención y los cuidados necesarios es una situación que lamentablemente todavía existe. Ha habido grandes avances en la medicina y la asistencia social, pero se ha extendido también una cultura del descarte, como resultado de una crisis antropológica que ya no pone a la persona en el centro, sino al consumo y a los intereses económicos.

Entre las víctimas de esta cultura del descarte quisiera ahora recordar, en particular, a los ancianos... a muchos de los cuales acogéis en esta casa; los ancianos que son la memoria y la sabiduría de los pueblos. Su longevidad no siempre se considera un don de Dios, sino, a veces, un peso difícil de soportar, especialmente cuando la salud está muy comprometida.

Esta mentalidad no hace bien a la sociedad, y nuestra tarea es desarrollar los «anticuerpos» contra esta forma de considerar a los ancianos o a las personas con discapacidad, casi como si fueran vidas que no merecen la pena vivirse.

De san José Benito Cottolengo podemos aprender lo concreto del amor evangélico, para que muchas personas pobres y enfermas puedan encontrar una «casa», vivir como en una familia, sentirse parte de una comunidad y no excluidos y soportados.

Discurso, 21 de junio de 2015

La caricia de un anciano

Aun en las pruebas más difíciles, los ancianos que tienen fe son como árboles que siguen dando fruto. Y esto vale también en las situaciones más ordinarias, donde, sin embargo, puede haber otras tentaciones, y otras formas de discriminación.

Pero no siempre el anciano, el abuelo, la abuela, tiene una familia que puede acogerlo. Y entonces bienvenidos los hogares para los ancianos... con tal de que sean verdaderos hogares, y ¡no prisiones! ¡Y que sean para los ancianos, y no para los intereses de otro! No debe haber institutos donde los ancianos vivan olvidados, como escondidos, descuidados. Me siento cercano a los numerosos ancianos que viven en estos institutos, y pienso con gratitud en quienes los visitan y se preocupan por ellos.

Las casas para ancianos deberían ser los «pulmones» de humanidad en un país, en un barrio, en una parroquia; deberían ser los «santuarios» de humanidad donde el viejo y el débil es cuidado y protegido como un hermano o hermana mayor.

¡Hace tanto bien ir a visitar a un anciano! Mirad a nuestros chicos: a veces les vemos desganados y tristes; van a visitar a un anciano, y ¡se vuelven alegres!

Pero existe también la realidad del abandono de los ancianos: ¡una auténtica eutanasia a escondidas!

67

Nosotros los cristianos, junto con todos los hombres de buena voluntad, estamos llamados a construir con paciencia una sociedad diversa, más acogedora, más humana, más inclusiva.

Como cristianos y como ciudadanos estamos llamados a imaginar, con fantasía y sabiduría, los caminos para afrontar este desafío. Un pueblo que no custodia a los abuelos y no los trata bien es un pueblo que ¡no tiene futuro! ¿Por qué no tiene futuro? Porque pierde la memoria y se arranca de sus propias raíces.

Una de las cosas más bellas de la vida de familia, de nuestra vida humana de familia, es acariciar a un niño y dejarse acariciar por un abuelo y una abuela.

Encuentro del Papa con los ancianos, 28 de septiembre de 2014

El valor de la memoria

Muchas veces son los abuelos quienes aseguran la transmisión de los grandes valores a sus nietos, y muchas personas pueden reconocer que deben precisamente a sus abuelos la iniciación a la vida cristiana. Sus palabras, sus caricias o su sola presencia ayudan a los niños a reconocer que la historia no comienza con ellos, que son herederos de un viejo camino y que es necesario respetar el trasfondo que nos antecede.

Quienes rompen lazos con la historia tendrán dificultades para tejer relaciones estables y para reconocer que no son los dueños de la realidad. Entonces, la atención a los ancianos habla de la calidad de una civilización. ¿Se presta atención al anciano en una civilización? ¿Hay sitio para el anciano? Esta civilización seguirá adelante si sabe respetar la sabiduría, la sabiduría de los ancianos.

La ausencia de memoria histórica es un serio defecto de nuestra sociedad. Es la mentalidad inmadura del «ya fue». Conocer y poder tomar posición frente a los acontecimientos pasados es la única posibilidad de construir un futuro con sentido. No se puede educar sin memoria: «Recordad aquellos días primeros» (Hb 10, 32). Las narraciones de los ancianos hacen mucho bien a los niños y jóvenes, ya que los conectan con la historia vivida tanto de la familia como del barrio y del país. Una familia que no respeta y atiende a sus abuelos, que son su memoria viva, es una familia desintegrada; pero una familia que recuerda es una familia con porvenir. Por lo tanto, en una civilización en la que no hay sitio para los ancianos o se los descarta porque crean problemas, esta sociedad lleva consigo el virus de la muerte, ya que se arranca de sus propias raíces. El fenómeno de la orfandad contemporánea, en términos de discontinuidad, desarraigo y caída de las certezas que dan forma a la vida, nos desafía a hacer de nuestras familias un lugar donde los niños puedan arraigarse en el suelo de una historia colectiva.

Amoris laetitia, nn. 192-193

La enseñanza de los abuelos

La ancianidad es una vocación. No es aún el momento de «abandonar los remos en la barca». Este período de la vida es distinto de los anteriores, no cabe duda; debemos también un poco «inventárnoslo», porque nuestras sociedades no están preparadas, espiritual y moralmente, a dar al mismo, a este momento de la vida, su valor pleno. Una vez, en efecto, no era tan normal tener tiempo a disposición; hoy lo es mucho más. E incluso la espiritualidad cristiana fue pillada un poco de sorpresa, y se trata de delinear una espiritualidad de las personas ancianas. Pero gracias a Dios no faltan los testimonios de santos y santas ancianos.

Podemos dar gracias al Señor por los beneficios recibidos y llenar el vacío de la ingratitud que lo rodea. Podemos interceder por las expectativas de las nuevas generaciones y dar dignidad a la memoria y a los sacrificios de las generaciones pasadas. Podemos recordar a los jóvenes ambiciosos que una vida sin amor es una vida árida. Podemos decir a los jóvenes miedosos que la angustia del futuro se puede vencer. Podemos enseñar a los jóvenes demasiado enamorados de sí mismos que hay más alegría en dar que en recibir. Los abuelos y las abuelas forman el «coro» permanente de un gran santuario espiritual, donde la oración de súplica y el canto de alabanza sostienen a la comunidad que trabaja y lucha en el campo de la vida.

Cuán feo es el cinismo de un anciano que perdió el sentido de su testimonio, desprecia a los jóvenes y no comunica una sabiduría de vida. En cambio, cuán hermoso es el aliento que el anciano logra transmitir al joven que busca el sentido de la fe y de la vida. Es verdaderamente la misión de los abuelos, la vocación de los ancianos. Las palabras de los abuelos tienen algo especial para los jóvenes. Y ellos lo saben. Las palabras que mi abuela me entregó por escrito el día de mi ordenación sacerdotal aún las llevo conmigo, siempre en el breviario, y las leo a menudo y me hace bien.

Audiencia, 11 de marzo de 2015

7

NIÑOS

*¿Dónde está Dios? ¿En las minas y en las fábricas
donde trabajan como esclavos los niños?*

Via Crucis, 25 de marzo de 2016

Las heridas de los niños

El vaciamiento del amor conyugal difunde resentimiento en las relaciones. Y con frecuencia la disgregación «cae» sobre los hijos.

A pesar de nuestra sensibilidad aparentemente evolucionada, y todos nuestros refinados análisis psicológicos, me pregunto si no nos hemos anestesiado también respecto a las heridas del alma de los niños.

Cuanto más se busca compensar con regalos y chucherías, más se pierde el sentido de las heridas —más dolorosas y profundas— del alma.

Hablamos mucho de disturbios en el comportamiento, de salud psíquica, de bienestar del niño, de ansiedad de los padres y los hijos... ¿Pero sabemos igualmente qué es una herida del alma? ¿Sentimos el peso de la montaña que aplasta el alma de un niño, en las familias donde se trata mal y se hace el mal, hasta romper el vínculo de la fidelidad conyugal? ¿Cuánto cuenta en nuestras decisiones —decisiones equivocadas, por ejemplo— el peso que se puede causar en el alma de los niños? Cuando los adul-

71

tos pierden la cabeza, cuando cada uno piensa sólo en sí mismo, cuando papá y mamá se hacen mal, el alma de los niños sufre mucho, experimenta un sentido de desesperación. Y son heridas que dejan marca para toda la vida.

En la familia, todo está unido entre sí: cuando su alma está herida en algún punto, la infección contagia a todos. Y cuando un hombre y una mujer, que se comprometieron a ser «una sola carne» y a formar una familia, piensan de manera obsesiva en sus exigencias de libertad y gratificación, esta distorsión mella profundamente en el corazón y la vida de los hijos. Muchas veces los niños se esconden para llorar solos...

Marido y mujer son una sola carne. Pero sus criaturas son carne de su carne. Si pensamos en la dureza con la que Jesús advierte a los adultos a no escandalizar a los pequeños —hemos escuchado el pasaje del Evangelio— (cf. Mt 18, 6), podemos comprender mejor también su palabra sobre la gran responsabilidad de custodiar el vínculo conyugal que da inicio a la familia humana (cf. Mt 19, 6-9). Cuando el hombre y la mujer se convirtieron en una sola carne, todas las heridas y todos los abandonos del papá y de la mamá inciden en la carne viva de los hijos.

Audiencia, 24 de junio de 2015

El don de los pequeños

Los niños son un gran don para la humanidad, pero son también los grandes excluidos porque ni siquiera les dejan nacer.

En primer lugar, los niños nos recuerdan que todos, en los primeros años de vida, hemos sido totalmente dependientes de los cuidados y de la benevolencia de los demás.

Por lo tanto, los niños son en sí mismos una riqueza para la humanidad y también para la Iglesia, porque nos remiten constantemente a la condición necesaria para entrar en el reino de Dios: la de no considerarnos autosuficientes, sino necesitados de ayuda, amor y perdón. Y todos necesitamos ayuda, amor y perdón.

Los niños nos recuerdan otra cosa hermosa, nos recuerdan que somos siempre hijos: incluso cuando se llega a la edad de adulto, o anciano, también si se convierte en padre, si ocupa un sitio de responsabilidad, por debajo de todo esto permanece la identidad de hijo. Todos somos hijos. Y esto nos reconduce siempre al hecho de que la vida no nos la hemos dado nosotros, sino que la hemos recibido.

Portan su modo de ver la realidad, con una mirada confiada y pura. El niño tiene una confianza espontánea en el papá y en la mamá; y tiene una confianza natural en Dios, en Jesús, en la Virgen. Al mismo tiempo, su mirada interior es pura, aún no está contaminada por la malicia, la doblez, las «incrustaciones» de la vida que endurecen el corazón.

Los niños —en su sencillez interior— llevan consigo, además, la capacidad de recibir y dar ternura.

Los niños tienen la capacidad de sonreír y de llorar, los grandes a menudo «se bloquean», ya no somos capaces... Muchas veces nuestra sonrisa se convierte en una sonrisa de cartón, sin vida, una sonrisa que no es alegre, una sonrisa artificial, de payaso. Los niños sonríen espontáneamente y lloran espontáneamente. Depende siempre del corazón, y con frecuencia nuestro corazón se bloquea y pierde esta capacidad de sonreír, de llorar. Entonces, los niños pueden enseñarnos de nuevo a sonreír y a llorar.

Audiencia, 18 de marzo de 2015

Los sufrimientos de los niños

Yo curaría a los niños. No he logrado todavía entender por qué los niños sufren. Para mí es un misterio. No sé dar una explicación. Me pregunto sobre esto. Ruego sobre esta pregunta: ¿por qué sufren los niños?

Es mi corazón el que se hace la pregunta. Jesús ha llorado y llorando ha entendido nuestros dramas. Yo trato de entender. Si pudiese hacer un milagro, curaría a todos los niños.

Mi contestación al dolor de los niños es el silencio o una palabra que nace de mis lágrimas. No tengo miedo de llorar. No debes tenerlo tú tampoco.

El amor antes del mundo, 2016

Las responsabilidades de los adultos

Numerosos niños desde el inicio son rechazados, abandonados, les roban su infancia y su futuro. Alguno se atreve a decir, casi para justificarse, que fue un error hacer que vinieran al mundo. ¡Esto es vergonzoso! No descarguemos sobre los niños nuestras culpas, ¡por favor! Los niños nunca son «un error». Su hambre no es un error, como no lo es su pobreza, su fragilidad, su abandono y no lo es tampoco su ignorancia o su incapacidad.

Si acaso, éstos son motivos para amarlos más, con mayor generosidad. ¿Qué hacemos con las solemnes declaraciones de los derechos humanos o de los derechos del niño, si luego castigamos a los niños por los errores de los adultos?

Quienes tienen la tarea de gobernar, de educar, —yo diría todos los adultos—, somos responsables de los niños y de hacer cada uno lo que puede para cambiar esta situación.

Cada niño marginado, abandonado, que vive en la calle mendigando y con todo tipo de expedientes, sin escuela, sin atenciones médicas, es un grito que se eleva a Dios y que acusa al sistema que nosotros adultos hemos construido. Y, lamentablemente, estos niños son presa de los delincuentes, que los explotan para vergonzosos tráficos o comercios, o adiestrándolos para la guerra y la violencia. Pero también en los países así llamados ricos muchos niños viven dramas que los marcan de modo significativo, a causa de la crisis de la familia, de los vacíos educativos y de condiciones de vida a veces inhumanas. En cada caso son infancias violadas en el cuerpo y en el alma.

Con demasiada frecuencia caen sobre los niños las consecuencias de vidas desgastadas por un trabajo precario y mal pagado, por horarios insostenibles, por transportes ineficientes... Pero los niños pagan también el precio de uniones inmaduras y de separaciones irresponsables: ellos son las primeras víctimas, sufren los resultados de la cultura de los derechos subjetivos agudizados, y se convierten luego en los hijos más precoces. A menudo absorben violencias que no son capaces de «digerir», y ante los ojos de los grandes se ven obligados a acostumbrarse a la degradación.

Audiencia, 8 de abril de 2015

Nuestras promesas

¿Qué tan leales somos con las promesas que hacemos a los niños, trayéndolos a nuestro mundo? Nosotros los hacemos venir al mundo y ésta es una promesa, ¿qué les prometemos?

Acogida y cuidado, cercanía y atención, confianza y esperanza, son también promesas de base, que se pueden resumir en una sola: amor. Nosotros prometemos amor, es decir, el amor que se expresa en la acogida, el cuidado, la cercanía, la atención, la confianza y la esperanza, pero la gran promesa es el amor. Éste es el modo más adecuado para acoger a un ser humano que viene al mundo, y todos nosotros lo aprendemos, incluso antes de ser conscientes.

A mí me gusta mucho cuando veo a los papás y mamás, cuando paso entre vosotros, que me traen a un niño, una niña pequeños, y pregunto: «¿Cuánto tiempo tiene?». «Tres semanas, cuatro semanas... pido que el Señor lo bendiga».

El amor es la promesa que el hombre y la mujer hacen a cada hijo: desde que es concebido en el pensamiento.

Los niños vienen al mundo y esperan tener confirmación de esta promesa: lo esperan en modo total, confiado, indefenso.

Basta mirarlos: en todas las etnias, en todas las culturas, ¡en todas las condiciones de vida! Cuando sucede lo contrario, los niños son heridos por un «escándalo», por un escándalo insoportable, más grave, en cuanto no tienen los medios para descifrarlo. No pueden entender qué cosa sucede. Dios vigila esta promesa, desde el primer instante. ¿Recodáis qué dice Jesús? Los ángeles de los niños reflejan la mirada de Dios, y Dios no pierde nunca de vista a los niños (cf. Mt 18, 10). ¡Ay de aquellos que traicionan su confianza, ay! Su confiado abandono a nuestra promesa, que nos compromete desde el primer instante, nos juzga.

Audiencia, 14 de octubre de 2015

8

JÓVENES

Os pido no dejaros excluir, no dejaros despreciar,
no dejaros manejar como mercancía.

Discurso, 16 de febrero de 2016

El amor «concreto»

El amigo verdadero de Jesús se distingue principalmente por el amor concreto; no el amor «en las nubes», no, el amor concreto que resplandece en su vida. El amor es siempre concreto. Quien no es concreto y habla del amor está haciendo una telenovela, una telecomedia.

Queridos chicos y chicas, a vuestra edad surge en vosotros de una manera nueva el deseo de quererse y de recibir afecto. Si vais a la escuela del Señor, os enseñará a hacer más hermosos también el afecto y la ternura. Os pondrá en el corazón una intención buena, ésa de amar sin poseer: de querer a las personas sin desearlas como algo propio, sino dejándolas libres. Porque el amor es libre. ¡No existe amor verdadero si no es libre!

Esa libertad que el Señor nos da cuando nos ama. Él siempre está junto a nosotros. En efecto, siempre existe la tentación de contaminar el afecto con la pretensión instintiva de tomar, de «poseer» aquello que me gusta; y esto es egoísmo. Y también, la cultura consumista refuerza esta tendencia. Pero cualquier cosa, cuando se exprime demasiado, se desgasta, se estropea; después se queda uno decepcionado con el vacío dentro. Si escucháis la voz del Señor, os revelará el secreto de la ternura: interesarse por otra persona, quiere decir respetarla, protegerla, esperarla. Y ésta es la manifestación de la ternura y del amor.

Porque el amor es el don libre de quien tiene el corazón abierto; es una responsabilidad, pero una responsabilidad bella que dura toda la vida; ¡es el compromiso cotidiano de quien sabe realizar grandes sueños!

Homilía, 24 de abril de 2106

Soñar

Un escritor latinoamericano decía que las personas tenemos dos ojos, uno de carne y otro de vidrio. Con el ojo de carne vemos lo que miramos. Con el ojo de vidrio vemos lo que soñamos.

En la objetividad de la vida tiene que entrar la capacidad de soñar. Y un joven que no es capaz de soñar, está clausurado en sí mismo, está cerrado en sí mismo. Cada uno a veces sueña cosas que nunca van a suceder... pero soñalas, deséalas, busca horizontes, ábrete, ábrete a cosas grandes. Los argentinos decimos "no te arrugues", ¿eh? No te arrugues, ábrete. Ábrete y sueña. Sueñas que el mundo con vos puede ser distinto. Sueñas que si vos ponéis lo mejor de vos, vas a ayudar a que ese mundo sea distinto. No se olviden, sueñen. Por ahí se les va la mano y sueñan demasiado, y la vida les corta el camino. No importa, sueñen. Y cuenten sus sueños. Cuenten, hablen de las cosas grandes

79

que desean, porque cuanto más grande es la capacidad de soñar, y la vida te deja a mitad de camino, más camino has recorrido. Así que, primero, soñar.

Discurso en Cuba, 20 de septiembre de 2015

Deseo de libertad

En estos años de juventud percibís también un gran deseo de libertad. Muchos os dirán que ser libres significa hacer lo que se quiera. Pero en esto se necesita saber decir no. Si no sabes decir no, no eres libre. Libre es quien sabe decir sí y sabe decir no. La libertad no es poder hacer siempre lo que se quiere: esto nos vuelve cerrados, distantes y nos impide ser amigos abiertos y sinceros; no es verdad que cuando estoy bien todo vaya bien. No, no es verdad. En cambio, la libertad es el don de poder elegir el bien: esto es libertad. Es libre quien elige el bien, quien busca aquello que agrada a Dios, aun cuando sea fatigoso y no sea fácil. Pero yo creo que vosotros, jóvenes, no tenéis miedo al cansancio, sois valientes. Sólo con decisiones valientes y fuertes se realizan los sueños más grandes, ésos por los que vale la pena dar la vida. Decisiones valientes y fuertes. No os contentéis con la mediocridad, con «ir tirando», estando cómodos y sentados; no confiéis en quien os distrae de la verdadera riqueza, que sois vosotros, cuando os digan que la vida es bonita sólo si se tienen muchas cosas; desconfiad de quien os quiera hacer creer que sois valiosos cuando os hacéis pasar por fuertes, como los héroes de las películas, o cuando lleváis vestidos a la última moda. Vuestra felicidad no tiene precio y no se negocia; no es una «app» que se descarga en el teléfono móvil: ni siquiera la versión más reciente podrá ayudaros a ser libres y grandes en el amor. La libertad es otra cosa.

Homilía, 24 de abril de 2016

¡De pie!

Durante la vida siempre se cae, porque somos pecadores, somos débiles. Pero está la mano de Jesús que nos levanta y nos eleva. Jesús nos quiere de pie. Esa palabra bonita que Jesús decía a los paralíticos: «Levántate». Dios nos ha creado para estar de pie.

Sé que sois capaces de gestos grandes de amistad y bondad. Estáis llamados a construir así el futuro: junto con los otros y por los otros, pero jamás contra alguien. No se construye «contra»: esto se llama destrucción.

Haréis cosas maravillosas si os preparáis bien ya desde ahora, viviendo plenamente vuestra edad, tan rica de dones, y no temiendo al cansancio. Haced como los campeones del mundo del deporte, que logran metas altas entrenándose con humildad y tenacidad todos los días.

Que vuestro programa cotidiano sean las obras de misericordia: Entrenaos con entusiasmo en ellas para ser campeones de vida, campeones de amor. Así seréis conocidos como discípulos de Jesús. Así tendréis el documento de identidad de cristianos. Y os aseguro: vuestra alegría será plena.

Homilía, 24 de abril de 2016

Jóvenes «jubilados»

Un país que no inventa, un pueblo que no inventa posibilidades laborales para sus jóvenes, a ese joven le queda o las adicciones, o el suicidio, o irse por ahí buscando ejércitos de destrucción para crear guerras. Esta cultura del descarte nos está haciendo mal a todos, nos quita la esperanza. Y es lo que vos pediste para los jóvenes: queremos esperanza. Esperanza que es sufrida, es trabajadora, es fecunda. Nos da trabajo y nos salva de la cultura del descarte. Y esta esperanza que es convocadora, convocadora de todos, porque un pueblo que sabe autoconvocarse para mirar el futuro y construir la amistad social —como dije, aunque piense diferente—, ese pueblo tiene esperanza.

Y si yo me encuentro con un joven sin esperanza, por ahí una vez dije, es un joven jubilado. Hay jóvenes que parece que se jubilan a los veintidós años. Son jóvenes con tristeza existencial. Son jóvenes que han apostado su vida al derrotismo básico. Son jóvenes que se lamentan. Son jóvenes que se fugan de la vida. El camino de la esperanza no es fácil y no se puede recorrer solo. Hay un proverbio africano que dice: "Si querés ir de prisa, andá solo, pero si querés llegar lejos, andá acompañado".

Discurso en Cuba, 20 de septiembre de 2015

Las amenazas a la esperanza

La esperanza nace cuando se puede experimentar que no todo está perdido.

La principal amenaza a la esperanza son los discursos que te desvalorizan, te van como chupando el valor y terminás como caído, como arrugado, con el corazón triste. Discursos que te hacen sentir de segunda, si no de cuarta.

La principal amenaza a la esperanza es cuando sentís que no le importás a nadie o que estás dejado de lado. Ésa es la gran dificultad para la esperanza: cuando en una familia o en una sociedad o en una escuela o en un grupo de amigos te hacen sentir que no les importás. Y eso es duro, es doloroso. Eso mata, eso nos aniquila y ésa es la puerta de ingreso para tanto dolor.

Pero también hay otra principal amenaza a la esperanza y es hacerte creer que empezás a ser valioso cuando te disfrazás con ropas, marcas del último grito de la moda, o cuando te volvés de prestigio, importante por tener dinero pero, en el fondo, tu corazón no cree que seas digno de cariño, digno de amor y eso tu corazón lo intuye.

Entiendo que muchas veces se vuelve difícil sentir la riqueza cuando nos vemos continuamente expuestos a la pérdida de amigos o de familiares en manos del narcotráfico, de las drogas, de organizaciones criminales que siembran el terror.

Es difícil sentir la riqueza de una nación cuando no se tienen oportunidades de trabajo digno.

Es difícil sentir la riqueza de un lugar cuando, por ser jóvenes, se los usa para fines mezquinos, seduciéndolos con promesas que al final no son reales, son pompas de jabón.

Es mentira que la única forma de vivir, de poder ser joven, es dejando la vida en manos del narcotráfico o de todos aquellos que lo único que están haciendo es sembrar destrucción y muerte.

Es también de la mano de Jesús que podemos decir que es mentira que la única forma que tienen de vivir los jóvenes aquí es la pobreza, la marginación; en la marginación de oportunidades, en la marginación de espacios, en la marginación de la capacitación y educación, en la marginación de la esperanza.

Discurso a los jóvenes en México, 16 de febrero de 2016

Contra las adiciones

Encuentro tres caminos, para los jóvenes, para los muchachos y para los niños. El camino de la educación, el camino del deporte y el camino del trabajo.

Si existen estos tres caminos, os aseguro que no habrá dependencias: nada de droga, nada de alcohol. ¿Por qué? Porque la escuela te lleva adelante, el deporte te lleva adelante y el trabajo te lleva adelante.

Es importante, queridos muchachos, que el deporte siga siendo un juego. Sólo si es un juego, hará bien al cuerpo y al espíritu. Y precisamente porque sois deportistas, os invito no sólo a jugar, como ya lo hacéis, sino también a algo más: a poneros en juego tanto en la vida como en el deporte. Poneros en juego en busca del bien, en la Iglesia y en la sociedad, sin miedo, con valentía y entusiasmo. Poneros en juego con los demás y con Dios; no contentarse con un «empate» mediocre, dar lo mejor de sí mismos, gastando la vida por lo que de verdad vale y dura para siempre. No contentarse con estas vidas tibias, vidas «mediocremente empatadas»: no, no. Ir adelante, buscando siempre la victoria.

En las sociedades deportivas se aprende a acoger. Se acoge a cada atleta que desea formar parte de ella y se acogen unos a otros, con sencillez y simpatía.

Que todos jueguen, no sólo los mejores, sino todos, con los talentos y los límites que cada uno tiene, más aún, privilegiando a los más desfavorecidos, como hacía Jesús.

Y os aliento a llevar adelante vuestro compromiso a través del deporte con los muchachos de las periferias de las ciudades: junto con los balones para jugar también podéis dar motivos de esperanza y de confianza. Recordad siempre estos tres caminos: la escuela, el deporte y los puestos de trabajo. Buscad siempre esto. Y yo os aseguro que en este camino no existirá la dependencia de la droga, del alcohol y de tantos otros vicios.

Discurso, 7 de junio de 2014

La capacidad de elegir

La vida está llena de dificultades, pero hay dos maneras de mirar las dificultades: o lo mirás como algo que te bloquea, te destruye y te detiene, o lo mirás como una oportunidad. A vos te toca elegir: para mí una dificultad ¿es un camino de destrucción o es una oportunidad para superar en bien mío, de mi familia, de mis amigos y de mi país? Chicos y chicas, no vivimos en el Cielo, vivimos en la tierra, y la tierra está llena de dificultades. La tierra está llena no sólo de dificultades sino de invitaciones para desviarte hacia el mal, pero hay algo que todos ustedes, los jóvenes, tienen, que dura un tiempo más o menos grande: la capacidad de elegir. ¿Qué camino quiero elegir? ¿Cuál de estas dos cosas quiero elegir: dejarme vencer por la dificultad o transformar la dificultad en una oportunidad para vencer yo?

Discurso, 27 de noviembre de 2015

Contra el reclutamiento

¿Qué podemos hacer para impedir el reclutamiento de nuestros seres queridos? ¿Qué podemos hacer para hacerlos volver? Para responder esto tenemos que saber por qué un joven, lleno de ilusiones, se deja reclutar, o va a buscar ser reclutado, y se aparta de su familia, de sus amigos, de su tribu, de su patria, se aparta de la vida porque aprende a matar...

Y ésta es una pregunta que ustedes tienen que hacer a todas las autoridades: Si un joven o una joven no tiene trabajo, no puede estudiar, ¿qué puede hacer? O delinquir o caer en las dependencias o suicidarse... o enrolarse en una actividad que le muestre un fin en la vida, engañado, seducido.

Lo primero que tenemos que hacer, para evitar que un joven sea reclutado o quiera ser reclutado, es educación y trabajo.

Si un joven no tiene trabajo, ¿qué futuro le espera? Y ahí entra la idea de dejarse reclutar. Si un joven no tiene posibilidades de educación, incluso de educación de emergencia, de pequeños oficios. ¿Qué puede hacer? ¡Ahí está el peligro! Es un peligro social que está más allá de nosotros, incluso más allá del país, porque depende de un sistema internacional que es injusto, que tiene en el centro de la economía no a la persona, sino al dios dinero.

¿Qué puedo hacer para ayudarlo o hacerlo volver? Primero, rezar por él, pero fuerte, Dios es más fuerte que todo reclutamiento. ¿Y después? Hablarle con cariño, con simpatía, con amor y con paciencia. Invitarlo a ver un partido de fútbol, invitarlo a pasear, invitarlo a estar juntos en el grupo, no dejarlo solo.

Discurso, 27 de noviembre de 2015

El flagelo de la droga

El flagelo de la droga sigue arreciando en modos y dimensiones impresionantes, alimentado por un mercado infame, que supera los confines nacionales y continentales. Así sigue creciendo el peligro para los jóvenes y los adolescentes.

¡La droga no se vence con la droga! La droga es un mal, y con el mal no se puede ceder o pactar.

Pensar en poder reducir el daño, consintiendo el uso de psicofármacos a las personas que siguen consumiendo droga, no resuelve en absoluto el problema. Las legalizaciones de las así llamadas «drogas ligeras», incluso parciales, además de ser cuanto menos discutible a nivel legislativo, no producen los efectos que se habían fijado. Las drogas sustitutivas, además, no son una terapia suficiente, sino un modo disimulado de rendirse ante el fenómeno. Quiero reafirmar lo que ya he dicho en otra ocasión: no a todo tipo de droga. Sencillamente.

Pero para decir este no, es necesario decir sí a la vida, sí al amor, sí a los demás, sí a la educación, sí al deporte, sí al trabajo, sí a más oportunidades de trabajo. Un joven que no tiene trabajo, pensemos en ello.

Pero pensemos en un joven: nini. Ni estudia ni trabaja. Entra en esa falta de horizonte, de esperanza, y la primera oferta son las dependencias, entre las cuales está la droga. Esto... Las oportunidades de trabajo, la educación, el deporte, la vida sana: éste es el camino de la prevención de la droga. Si se realizan estos «sí», no hay sitio para la droga, no hay sitio para el abuso de alcohol y para las demás dependencias.

Discurso, 20 de junio de 2014

TERCERA PARTE

JUZGAR EL PECADO
Y NO AL PECADOR

Nosotros podemos y debemos juzgar situaciones de pecado —violencia, corrupción, explotación, etc.—, pero no podemos juzgar a las personas. Nuestra tarea es amonestar a quien se equivoca, denunciando la maldad y la injusticia de ciertos comportamientos, con el fin de liberar a las víctimas y de levantar al caído.

Mensaje en ocasión de la 50 Jornada Mundial de las Comunicaciones Sociales, 24 de enero de 2016

1

FUNDAMENTALISMO

La violencia nace siempre de una mistificación de la religión.

Discurso, 12 de enero de 2015

Dios como pretexto

Desgraciadamente, Oriente Medio sufre otros conflictos, que se arrastran ya durante demasiado tiempo y cuyas manifestaciones son escalofriantes también a causa de la propagación del terrorismo de carácter fundamentalista en Siria e Irak. Este fenómeno es consecuencia de la cultura del descarte aplicada a Dios.

De hecho, el fundamentalismo religioso, antes incluso de descartar a seres humanos perpetrando horrendas masacres, rechaza a Dios, relegándolo a mero pretexto ideológico.

Ante esta injusta agresión, que afecta también a los cristianos y a otros grupos étnicos de la región, es necesaria una respuesta unánime que, en el marco del derecho internacional, impida que se propague la violencia, restablezca la concordia y sane las profundas heridas que han provocado los incesantes conflictos.

Aprovecho esta oportunidad para hacer un llamamiento a toda la comunidad internacional, así como a cada uno de los gobiernos implicados, para que adopten medidas concretas en favor de la paz y la defensa de cuantos sufren las consecuencias de la guerra y de la persecución y se ven obligados a abandonar sus casas y su patria.

Con una carta enviada poco antes de la Navidad, he querido manifestar personalmente mi cercanía y asegurar mi oración a todas las comunidades cristianas de Oriente Medio, que dan un testimonio valioso de fe y coraje, y tienen un papel fundamental como artífices de paz, de reconciliación y de desarrollo en las sociedades civiles de las que forman parte. Un Oriente Medio sin cristianos sería un Oriente Medio desfigurado y mutilado. A la vez que pido a la comunidad internacional que no sea indiferente ante esta situación, espero que los dirigentes religiosos, políticos e intelectuales, especialmente musulmanes, condenen cualquier interpretación fundamentalista y extremista de la religión, que pretenda justificar tales actos de violencia.

Discurso, 12 de enero de 2015

Islamofobia y cristianofobia

Sobre la islamofobia, es cierto que ante estos actos terroristas, no sólo en esta zona sino también en África, hay una reacción y se dice: «Si éste es el Islam, me enfado con él». Y muchos, muchos musulmanes se sienten ofendidos, y dicen: «No, nosotros no somos así. El Corán es un libro de la paz, es un libro profético de paz. Esto no es el Islam».

Yo entiendo esto, y creo que —al menos yo lo creo, sinceramente— no podemos decir que todos los musulmanes son terroristas: no se puede decir. Como no se puede decir que todos los cristianos son fundamentalistas, porque también nosotros los tenemos, en todas las religiones existen estos pequeños grupos.

Yo le dije al presidente Erdogan: «Sería bueno que todos los líderes islámicos —sean líderes políticos, religiosos o académicos— hablaran claramente y condenasen esos actos, porque esto ayudaría a la mayoría del pueblo islámico a decir "no"; pero que lo oyera verdaderamente de la boca de sus líderes: el líder religioso, el líder académico, tantos intelectuales y líderes políticos». Ésta fue mi respuesta. Porque todos necesitamos una condena mundial, también por parte de los islámicos, que tienen esa identidad, y que digan: «Nosotros no somos eso. El Corán no es esto». Éste es el primer punto.

Cristianofobia: es cierto. No quiero usar palabras un poco endulzadas, no. A los cristianos nos echan del Medio Oriente.

Volviendo a la islamofobia, siempre hay que distinguir entre lo que es la propuesta de una religión y el uso concreto que hace de ella un determinado gobierno. Tal vez dice: «Soy musulmán, soy judío, soy cristiano». Pero usted no gobierna su país como musulmán, ni como judío, ni como cristiano. Hay un abismo. Es preciso hacer esta distinción, pues muchas veces se utiliza el nombre, pero la realidad no es ésa de la religión.

Conferencia de prensa durante el vuelo de regreso de Turquía,
30 de noviembre de 2014

Respeto hacia el otro

Para sostener el diálogo con el Islam es indispensable la adecuada formación de los interlocutores, no sólo para que estén sólida y gozosamente radicados en su propia identidad, sino para que sean capaces de reconocer los valores de los demás, de comprender las inquietudes que subyacen a sus reclamos y de sacar a luz las convicciones comunes. Los cristianos deberíamos acoger con afecto y respeto a los inmigrantes del Islam que llegan a nuestros países, del mismo modo que esperamos y rogamos ser acogidos y respetados en los países de tradición islámica.

¡Ruego, imploro humildemente a esos países que den libertad a los cristianos para poder celebrar su culto y vivir su fe, teniendo en cuenta la libertad que los creyentes del Islam gozan en los países occidentales!

Frente a episodios de fundamentalismo violento que nos inquietan, el afecto hacia los verdaderos creyentes del Islam debe llevarnos a evitar odiosas generalizaciones, porque el verdadero Islam y una adecuada interpretación del Corán se oponen a toda violencia.

Evangelii gaudium, n. 253

Las consecuencias de la provocación

En teoría, podemos decir que una reacción violenta ante una ofensa, ante una provocación, en teoría, no es buena, no se debe hacer. En teoría, podemos decir lo que el Evangelio dice, que tenemos que poner la otra mejilla. En teoría, podemos decir que tenemos libertad de expresión y esto es importante. En la teoría, todos estamos de acuerdo.

Pero somos humanos, y hemos de tener prudencia, que es una virtud de la convivencia humana. No puedo insultar, provocar a una persona continuamente, porque corro el riesgo de hacerla enfadar, corro el riesgo de que reaccione de una manera no justa. Esto es humano. Por eso digo que la libertad de expresión tiene que tener en cuenta la realidad humana; y por eso digo que debe hacerse un uso prudente. Es una forma de decir que tiene que ser educada. Prudente. La prudencia es una virtud humana que regula nuestras relaciones. Puedo llegar hasta aquí, y no puedo ir más allá...

Esto es lo que quería decir, que, en teoría, todos estamos de acuerdo: existe la libertad de expresión, que una reacción violenta no es buena, es mala siempre. Todos de acuerdo. Pero, en la práctica, estemos atentos, porque somos humanos y podemos provocar a los otros; y por eso la libertad debe ir acompañada de la prudencia.

Conferencia de prensa durante el vuelo de regreso de Filipinas,
19 de enero de 2015

Libertad de expresión

No se puede ocultar una verdad: que toda persona tiene derecho a practicar su religión, sin ofender, libremente. Así lo hacemos, así lo queremos hacer todos. En segundo lugar, no se puede ofender, declarar la guerra, matar en nombre de la religión, es decir, en nombre de Dios. A nosotros, lo que sucede ahora nos resulta un poco... nos sorprende. Pero pensemos también en nuestra historia, en las numerosas guerras de religión que hemos tenido. También nosotros hemos cometido el mismo pecado. Pero no se puede matar en nombre de Dios. Es una aberración.

Matar en nombre de Dios es una aberración. Creo que esto es lo principal sobre la libertad de religión: se debe practicar con libertad, sin ofender, pero sin imposiciones y sin matar.

No se puede provocar, no se puede insultar la fe de los demás, no se puede ridiculizar la fe. El Papa Benedicto, en un discurso, habló de esa mentalidad pospositiva, de la metafísica pospositiva, que al final llevaba a creer que las religiones y las expresiones religiosas son una especie de subcultura, que son toleradas, pero son poca cosa, no forman parte de la cultura iluminista. Y esto es herencia de la Ilustración.

Mucha gente habla mal de la religión, se burla, podríamos decir que «juega» con la religión de los otros; son provocaciones. Hay un límite.

Toda religión tiene dignidad, toda religión que respete la vida humana, la persona humana. Y no puedo ridiculizarla. Ése es el límite.

Conferencia de prensa durante el vuelo hacia Manila,
15 de enero de 2015

2

PEDERASTIA

La pederastia es una plaga.
Entrevista, 13 de julio de 2014

Una monstruosidad

Un obispo que cambia a un sacerdote de parroquia cuando se detecta una pederastia es un inconsciente y lo mejor que puede hacer es presentar la renuncia.

Otra institución que está trabajando muy bien es la Comisión para la Protección de Menores. No está estrictamente reservada a los casos de pedofilia, sino a la protección de menores. En esa sede me he encontrado durante una mañana entera con seis de ellos —dos alemanes, dos irlandeses y dos ingleses— hombres y mujeres, abusados, víctimas. Y me he encontrado además con las víctimas en Filadelfia. También allí durante una mañana he tenido un encuentro con las víctimas.

Todo esto para decir que se está trabajando. Pero doy gracias a Dios que se ha destapado la olla, y se necesita seguir destapándola, y tomar conciencia.

Y, por último, quiero decir que esto es una monstruosidad, porque un sacerdote es consagrado para llevar a un niño a Dios, y allí se lo «come» en un sacrificio diabólico, lo destruye.

Conferencia de prensa durante el vuelo de regreso desde México,
17 de febrero de 2016

Explotación

La explotación de los niños me hace sufrir. También en Argentina es la misma cosa. Los niños son usados para algunos trabajos manuales porque tienen las manos más pequeñas. Pero los niños también son explotados sexualmente, en hoteles.

Una vez me advirtieron que en una calle de Buenos Aires había jovencitas prostitutas de doce años. Me he informado y efectivamente era así. Me ha hecho mal. Pero aún más ver que se paraban coches de gran cilindrada conducido por ancianos. Podían ser sus abuelos. Hacían subir a la niña y le pagaban quince pesos que luego servían para comprar a los descartes de la droga el «paquete». Para mí estas personas que hacen esto a las niñas son pedófilos.

También pasa en Roma, la Ciudad Eterna, que debería ser un faro en el mundo es espejo del deterioro moral de la sociedad.

Pienso que son problemas que se pueden resolver con una buena política social.

Entrevista para Il Messaggero, 29 de junio de 2014

Ataque a la Iglesia

Los casos de abusos son terribles porque dejan heridas profundas. Benedicto XVI ha sido muy atrevido y ha abierto el camino. La Iglesia en este camino ha hecho mucho. Quizá más que todos. Las estadísticas sobre el fenómeno de la violencia contra los niños son impresionantes, pero también muestran con claridad que la gran mayoría de los abusos ocurre en entornos de familia y de vecindario.

La Iglesia católica es quizá la única institución pública que se ha movido con transparencia y responsabilidad. Nadie ha hecho más.

Sin embargo la Iglesia es la única en ser atacada.

Entrevista para Corriere della Sera, 5 de marzo de 2014

En las familias

La corrupción de un niño es algo de lo más terrible e inmundo que se pueda imaginar, especialmente si gran parte de estos hechos abominables ocurren dentro de las familias o en todo caso de una comunidad de antiguas amistades. La familia debería ser el santuario donde el niño y luego el chico y el adolescente provengan amablemente educados para el bien, animados en el crecimiento estimulado para construir la propia personalidad y encontrarse con la de otros de sus coetáneos. Jugar juntos, estudiar juntos, conocer juntos el mundo y la vida.

Esto sucede con los coetáneos, pero con los padres que los han puesto en el mundo o visto entrar en el mundo la relación es como la de cultivar una flor, un ramillete de flores, cuidándola del mal tiempo, desinfectándola de los parásitos, contando los cuentos de la vida y, mientras el tiempo pasa, de la realidad. Ésta es o debería ser la educación que la escuela completa y la religión coloca sobre un nivel más alto del pensar y del creer en el sentimiento divino, que se abre en nuestras almas.

La educación como nosotros la entendemos casi parece haber desertado de las familias.

Cada uno está empeñado en sus propios asuntos, a menudo para asegurar a la familia un tren de vida soportable, a veces para perseguir una meta personal, otras veces por amistades y amores alternativos. La educación como deber principal hacia los hijos parece haber huido de las casas. Este fenómeno es una grave omisión, pero no estamos todavía llegando al mal absoluto. No solamente es la educación fallida, sino también la corrupción, el vicio, las prácticas atroces impuestas al niño y luego practicadas y puesta al día, cada vez más gravemente, a medida que crece y se convierte en adolescente. Esta situación es frecuente en las familias, practicada por parientes, abuelos, tíos, amigos de la familia. A menudo los otros miembros de la familia son conscientes de ello, pero no intervienen, atrapados por intereses u otras formas de corrupción.

Entrevista, 13 de julio de 2014

Cero tolerancia

En Argentina, a los privilegiados les decimos: "Éste es un hijo de papá". En este problema no habrá "hijos de papá". En este momento hay tres obispos que están siendo investigados: bajo investigación, tres; y uno que ya ha sido condenado y se está estudiando la pena que se le debe imponer. No hay privilegios. El abuso de menores es un delito muy feo, mucho... Sabemos que es un problema grave en todas partes, pero a mí me interesa la Iglesia. Un sacerdote que hace esto traiciona al Cuerpo del Señor, porque ese sacerdote debe llevar a ese niño, a esa niña, a ese muchacho, a esa muchacha a la santidad; y ese muchacho, esa niña se fía, y él, en vez de llevarlos a la santidad, abusa de ellos. Esto es gravísimo.

Es como... hago sólo una comparación: es como hacer una Misa negra, por ejemplo. Tú tienes que llevarlo a la santidad y lo metes en un problema que durará toda la vida... Próximamente habrá una Misa con algunas personas víctimas de abusos en Santa Marta, y después una reunión con ellos: estaremos ellos y yo, con el Cardenal O'Malley, que es de la comisión. Sobre este tema tenemos que seguir adelante, adelante: tolerancia cero.

Conferencia de prensa durante el vuelo de regreso de Tierra Santa,
26 de mayo de 2014

A las víctimas de abuso

Las palabras no pueden expresar plenamente mi dolor por el abuso que han sufrido. Ustedes son preciosos hijos de Dios, que siempre deberían esperar nuestra protección, nuestra atención y nuestro amor. Estoy profundamente dolido porque su inocencia fue violada por aquellos en quienes confiaban. En algunos casos, la confianza fue traicionada por miembros de su propia familia, en otros casos por miembros de la Iglesia, sacerdotes que tienen una responsabilidad sagrada para el cuidado de las almas. En todas las circunstancias, la traición fue una terrible violación de la dignidad humana.

Para aquellos que fueron abusados por un miembro del clero, lamento profundamente las veces en que ustedes o sus familias denunciaron abusos pero no fueron escuchados o no les creyeron.

Sepan que el Santo Padre les escucha y les cree. Lamento profundamente que algunos obispos no cumplieran con su responsabilidad de proteger a los menores. Es muy inquietante saber que, en algunos casos, incluso los obispos eran ellos mismos los abusadores. Me comprometo a seguir el camino de la verdad, dondequiera que nos pueda llevar. El clero y los obispos tendrán que rendir cuentas de sus acciones cuando abusen o no protejan a los menores.

Dentro de nuestra familia de fe y de nuestras familias humanas, los pecados y crímenes de abuso sexual de menores ya no deben mantenerse en secreto y con vergüenza.

Su presencia aquí hoy, tan generosamente ofrecida a pesar de la ira y del dolor que han experimentado, revela el corazón misericordioso de Cristo. Sus historias de supervivencia, cada una única y convincente, son señales potentes de la esperanza que nos llega por la promesa de que el Señor estará con nosotros siempre.

Es bueno saber que han traído con ustedes a familiares y amigos a este encuentro. Estoy muy agradecido por su apoyo compasivo y rezo para que muchas personas de la Iglesia respondan a la llamada de acompañar a los que han sufrido abusos.

Discurso durante el encuentro con víctimas de abusos sexuales,
27 de septiembre de 2015

3

RELATIVISMO

También el entorno social tiene sus heridas. Pero todas son causadas en
el fondo por el mismo mal, es decir por la idea de que no existen verda-
des indiscutibles que conduzcan nuestra vida, y por lo cual la libertad
humana no tiene límites.

Laudato si'

La verdad subjetiva

Una cultura en la que cualquiera quisiera aportar una verdad propia subjetiva hace difícil que los ciudadanos quie-
ran participar en un proyecto común que vaya en contra
de sus propios intereses y deseo personales.

El proceso de secularización tiende a reducir a la fe y a
la Iglesia al ámbito de lo privado y de lo íntimo. Además,
al negar toda trascendencia, ha producido una creciente
deformación ética, un debilitamiento del sentido del pecado personal y social y un progresivo aumento del relativismo, que ocasionan una desorientación generalizada,
especialmente en la etapa de la adolescencia y la juventud,
tan vulnerable a los cambios.

Mientras la Iglesia insiste en la existencia de normas
morales objetivas, válidas para todos, hay quienes presentan esta enseñanza como injusta, esto es, como opuesta a
los derechos humanos básicos. Tales alegatos suelen pro-
venir de una forma de relativismo moral que está unida,

no sin inconsistencia, a una creencia en los derechos absolutos de los individuos.

En este punto de vista se percibe a la Iglesia como si promoviera un prejuicio particular y como si interfiriera con la libertad individual.

Vivimos en una sociedad de la información que nos satura indiscriminadamente de datos, todos en el mismo nivel, y termina llevándonos a una tremenda superficialidad a la hora de plantear las cuestiones morales. Por consiguiente, se vuelve necesaria una educación que enseñe a pensar críticamente y que ofrezca un camino de maduración en valores.

Evangelii gaudium, nn. 62, 64

El engaño del relativismo

No siempre es fácil asumir nuestra identidad y expresarla, puesto que, como pecadores que somos, siempre estamos tentados por el espíritu del mundo, que se manifiesta de diversos modos.

Uno es el deslumbramiento engañoso del relativismo, que oculta el esplendor de la verdad y, removiendo la tierra bajo nuestros pies, nos lleva a las arenas movedizas de la confusión y la desesperación. Es una tentación que hoy en día afecta también a las comunidades cristianas.

No hablo aquí del relativismo únicamente como sistema de pensamiento, sino de ese relativismo práctico de cada día que, de manera casi imperceptible, debilita nuestro sentido de identidad. Un segundo modo mediante el cual el mundo amenaza la solidez de nuestra identidad cristiana es la superficialidad: la tendencia a entretenernos con las últimas modas, artilugios y distracciones, en lugar de dedicarnos a las cosas que realmente son importantes. En una cultura que exalta lo efímero y ofrece tantas posibilidades de evasión y de escape, esto puede representar un serio problema pastoral. Para los ministros de la Iglesia esta superficialidad puede manifestarse en quedar fascinados por los programas pastorales y las teorías, en detrimento del encuentro directo y fructífero con nuestros fieles, y también con los que no lo son, especialmente con los jóvenes, que tienen necesidad de una sólida catequesis y de una buena dirección espiritual.

Si no estamos enraizados en Cristo, las verdades que nos hacen vivir acaban por resquebrajarse, la práctica de las virtudes se vuelve formalista y el diálogo queda reducido a una especie de negociación o a estar de acuerdo en el desacuerdo.

El acuerdo en el desacuerdo... para que las aguas no se muevan... Esa superficialidad nos hace mucho daño.

Discurso, 17 de agosto de 2014

Identidad y diálogo

Quisiera referirme a una cosa que es siempre un fantasma: el relativismo, «todo es relativo». A este respecto, hemos de tener presente un principio claro: no se puede dialogar si no se parte de la propia identidad. Sin identidad no puede haber diálogo. Sería un diálogo fantasma, un diálogo en el aire: sin valor. Cada uno de nosotros tiene su propia identidad religiosa, a la que es fiel. Pero el Señor sabe cómo hacer avanzar la historia. Cada uno parte de su identidad, pero sin fingir que tiene otra, porque así no vale y no ayuda, y es relativismo.

Lo que nos une es el camino de la vida, es la buena voluntad de partir de la propia identidad para hacer el bien a los hermanos y a las hermanas. Hacer el bien. Y así, como hermanos, caminamos juntos. Cada uno de nosotros da testimonio de su propia identidad ante el otro y dialoga con él. Después el diálogo puede avanzar más sobre cuestiones teológicas, pero lo que es más importante y hermoso es caminar juntos sin traicionar la propia identidad, sin ocultarla, sin hipocresía. A mí me hace bien pensar esto.

Discurso, 21 de septiembre de 2014

Fe y subjetivismo

Está claro que la crisis de valores en la sociedad no es un fenómeno reciente. El beato Pablo VI, hace ya cuarenta años, dirigiéndose a la Rota Romana, condenaba las enfermedades del hombre moderno, «a veces vulnerado por un relativismo sistemático que lo induce a las elecciones más fáciles de la situación, de la demagogia, de la moda, de la pasión, del hedonismo, del egoísmo, de manera que, exteriormente, intenta impugnar la "autoridad de la ley", e interiormente, casi sin percatarse, sustituye el imperio de la conciencia moral con el capricho de la conciencia psicológica».

En efecto, el abandono de una perspectiva de fe desemboca inexorablemente en un falso conocimiento del matrimonio, que no deja de tener consecuencias para la maduración de la voluntad nupcial.

La experiencia pastoral nos enseña que hoy existe un gran número de fieles en situación irregular, en cuya historia ha tenido una fuerte influencia la generalizada mentalidad mundana. En efecto, existe una especie de mundanidad espiritual, que se esconde detrás de apariencias de religiosidad e incluso de amor a la Iglesia, y que lleva a perseguir, en lugar de la gloria del Señor, el bienestar personal.

Uno de los frutos de dicha actitud es una fe encerrada en el subjetivismo, donde sólo interesa una determinada experiencia o una serie de razonamientos y conocimientos que supuestamente reconfortan e iluminan, pero en definitiva el sujeto queda clausurado en la inmanencia de su propia razón o de sus sentimientos.

Es evidente que, para quien sigue esta actitud, la fe carece de su valor orientativo y normativo, dejando el campo libre a las componendas con el propio egoísmo y con las presiones de la mentalidad actual, que ha llegado a ser dominante a través de los medios de comunicación.

Discurso, 23 de enero de 2015

El espíritu del mundo

Jesús nos invita a pensar no sólo con la cabeza, sino también con el corazón, con el espíritu, con todo nuestro ser. Es esto, precisamente, «pensar en cristiano», para poder comprender los signos de los tiempos. Y a quienes no comprenden, Cristo les define como «necios y tardos de corazón». Porque quien no comprende las cosas de Dios es una persona así, necia y dura de entendimiento, mientras que el Señor quiere que comprendamos lo que sucede en nuestro corazón, en nuestra vida, en el mundo, en la historia; y entendamos el significado de lo que sucede ahora. En efecto, en las respuestas a estas preguntas es donde podemos individuar los signos de los tiempos.

Sin embargo, no siempre las cosas suceden así. Hay un enemigo al acecho. Es el espíritu del mundo, que nos hace otras propuestas. Porque no nos quiere como pueblo, nos quiere en masa. Sin pensamiento y sin libertad. El espíritu del mundo, en esencia, nos empuja a lo largo de un camino de uniformidad, pero sin ese espíritu que forma el cuerpo de un pueblo, tratándonos como si no tuviésemos la capacidad de pensar, como personas sin libertad.

Existe un determinado modo de pensar que debe ser impuesto, se hace publicidad de este pensamiento y se debe pensar de ese modo. Es el pensamiento uniforme, el pensamiento homogéneo, el pensamiento débil; lamentablemente, un pensamiento muy difundido.

En la práctica, el espíritu del mundo no quiere que nos preguntemos delante de Dios: ¿por qué sucede esto? Y para distraernos de las preguntas esenciales, nos propone un pensamiento prêt-à-porter, según nuestros gustos: yo pienso como me gusta. Este modo de pensar es correcto para el espíritu del mundo; mientras que lo que él no quiere es lo que nos pide Jesús: el pensamiento libre, el pensamiento de un hombre y de una mujer que son parte del pueblo de Dios.

Meditación matutina en la capilla de la Domus Sanctae Marthae,
29 de noviembre de 2013

La lógica del «usa y tira»

Cuando el ser humano se coloca a sí mismo en el centro, termina dando prioridad absoluta a sus conveniencias circunstanciales, y todo lo demás se vuelve relativo. Por eso no debería llamar la atención que, junto con la omnipresencia del paradigma tecnocrático y la adoración del poder humano sin límites, se desarrolle en los sujetos este relativismo donde todo se vuelve irrelevante si no sirve a los propios intereses inmediatos.

La cultura del relativismo es la misma patología que empuja a una persona a aprovecharse de otra y a tratarla como mero objeto, obligándola a trabajos forzados, o convirtiéndola en esclava a causa de una deuda. Es la misma lógica que lleva a la explotación sexual de los niños, o al abandono de los ancianos que no sirven para los propios intereses. Es también la lógica interna de quien dice: «Dejemos que las fuerzas invisibles del mercado regulen la economía, porque sus impactos sobre la sociedad y sobre la naturaleza son daños inevitables». Si no hay verdades objetivas ni principios sólidos, fuera de la satisfacción de los propios proyectos y de las necesidades inmediatas, ¿qué límites pueden tener la trata de seres humanos, la criminalidad organizada, el narcotráfico, el comercio de diamantes ensangrentados y de pieles de animales en vías de extinción? ¿No es la misma lógica relativista la que justifica la compra de órganos a los pobres con el fin de venderlos o de utilizarlos para experimentación, o el descarte de niños porque no responden al deseo de sus padres? Es la misma lógica del «usa y tira», que genera tantos residuos sólo por el deseo desordenado de consumir más de lo que realmente se necesita. Entonces no podemos pensar que los proyectos políticos o la fuerza de la ley serán suficientes para evitar los comportamientos que afectan al ambiente, porque, cuando es la cultura la que se corrompe y ya no se reconoce alguna verdad objetiva o unos principios universalmente válidos, las leyes sólo se entenderán como imposiciones arbitrarias y como obstáculos a evitar.

Laudato si', nn. 122,123

4

INDIVIDUALISMO

¡Nadie gana solo, ni en la cancha ni en la vida!

Mensaje, 13 de junio de 2014

Vivimos separados el uno del otro

También nosotros constatamos a diario que vivimos en un mundo lacerado por las guerras y la violencia. Sería superficial pensar que la división y el odio afectan sólo a las tensiones entre los países o los grupos sociales. En realidad, son manifestación de ese «difuso individualismo» que nos separa y nos enfrenta, son manifestación de la herida del pecado en el corazón de las personas, cuyas consecuencias sufre también la sociedad y la creación entera. Precisamente, a este mundo desafiante, con sus egoísmos, Jesús nos envía, y nuestra respuesta no es hacernos los distraídos, argüir que no tenemos medios o que la realidad nos sobrepasa. Nuestra respuesta repite el clamor de Jesús y acepta la gracia y la tarea de la unidad.

Homilía, 7 de julio de 2015

La indiferencia

Es cierto que la actitud del indiferente, de quien cierra el corazón para no tomar en consideración a los otros, de

111

quien cierra los ojos para no ver aquello que lo circunda o se evade para no ser tocado por los problemas de los demás, caracteriza una tipología humana bastante difundida y presente en cada época de la historia.

Pero en nuestros días, esta tipología ha superado decididamente el ámbito individual para asumir una dimensión global y producir el fenómeno de la «globalización de la indiferencia».

La primera forma de indiferencia en la sociedad humana es la indiferencia ante Dios, de la cual brota también la indiferencia ante el prójimo y ante lo creado. Esto es uno de los graves efectos de un falso humanismo y del materialismo práctico, combinados con un pensamiento relativista y nihilista.

El hombre piensa ser el autor de sí mismo, de la propia vida y de la sociedad; se siente autosuficiente; busca no sólo reemplazar a Dios, sino prescindir completamente de Él. Por consiguiente, cree que no debe nada a nadie, excepto a sí mismo, y pretende tener sólo derechos.

Contra esta autocomprensión errónea de la persona, Benedicto XVI recordaba que ni el hombre ni su desarrollo son capaces de darse su significado último por sí mismo; y, precedentemente, Pablo VI había afirmado que no hay, pues, más que un humanismo verdadero que se abre a lo Absoluto, en el reconocimiento de una vocación, que da la idea verdadera de la vida humana.

La indiferencia provoca sobre todo cerrazón y distanciamiento, y termina de este modo contribuyendo a la falta de paz con Dios, con el prójimo y con la creación.

Mensaje para la XLIX Jornada Mundial de la Paz,
1 de enero de 2016

La mundanidad

¡La Iglesia somos todos! ¡Todos! Desde el primer bautizado, todos somos Iglesia, y todos tenemos que ir por el camino de Jesús, que ha recorrido el camino del despojo, Él mismo. Se ha vuelto siervo, servidor; ha querido ser humillado hasta la Cruz. Y si nosotros queremos ser cristianos, no hay otra vía. Pero no podemos hacer un cristianismo un poco más humano —dicen— ¿sin cruz, sin Jesús, sin despojo? ¡De este modo nos convertiremos en cristianos de repostería, como bonitas tartas, como bonitas cosas dulces! ¡Bellísimo, pero no cristianos de verdad! Alguien dirá: «Pero de qué debe deshacerse la Iglesia?». Tiene que deshacerse hoy de un peligro grave, que amenaza a toda persona en la Iglesia, a todos: el peligro de la mundanidad. El cristiano no puede convivir con el espíritu del mundo.

La mundanidad que nos lleva a la vanidad, a la prepotencia, al orgullo. Y éste es un ídolo, no es Dios. ¡Es un ídolo! ¡Y la idolatría es el pecado más fuerte!

Discurso, el 4 de octubre de 2013

Más allá del presente

Hablar a la persona en su totalidad: he aquí la tercera tarea del comunicador. Evitando, como ya dije, los pecados de los medios de comunicación: la desinformación, la calumnia y la difamación. Estos tres son los pecados de los medios de comunicación. La desinformación, en especial, impulsa a decir la mitad de las cosas, y esto conduce a no elaborar un juicio preciso sobre la realidad. Una comunicación auténtica no se preocupa de «atacar»: la alternancia entre alarmismo catastrófico y desinterés consolador, dos extremos que continuamente vemos que se vuelven a proponer en la comunicación actual, no es un buen servicio que los medios de comunicación pueden ofrecer a las personas. Es necesario hablar a las personas en su totalidad: a su mente y a su corazón, para que sepan ver más allá de lo inmediato, más allá de un presente que corre el riesgo de ser desmemoriado y temeroso. De estos tres pecados —la desinformación, la calumnia y la difamación—, la calumnia parece ser el más insidioso, pero en la comunicación el más insidioso es la desinformación, porque te lleva a fallar, al error; te conduce a creer sólo una parte de la verdad.

Discurso, 15 de diciembre de 2014

El buen cristiano

El cristiano es un hombre y una mujer de historia, porque no pertenece a sí mismo, está integrado en un pueblo, un pueblo que camina.

De aquí la imposibilidad de pensar en un egoísmo cristiano. No existe el cristiano perfecto, un hombre, una mujer espiritual de laboratorio, sino que es un hombre o una mujer espiritual insertado en un pueblo, que tiene una historia larga y sigue caminando hasta que el Señor regrese.

Si asumimos ser hombres y mujeres de historia, nos damos cuenta también de que esto es historia de la gracia de Dios, porque Dios avanzaba con su pueblo, abría el camino, vivía con ellos. Pero es también historia de pecado.

Pero comprender que no estamos solos, que estamos estrechamente unidos a un pueblo que camina desde siglos, significa también distinguir otro rasgo característico del cristiano que es el que Jesús nos enseña en el Evangelio: el servicio.

Parece claro que la identidad cristiana es el servicio, no el egoísmo. Alguien podría objetar: «Pero padre, todos somos egoístas», pero esto es un pecado, es una costumbre de la cual debemos desprendernos.

Ser cristiano, de hecho, no es una apariencia o una conducta social, no es maquillarse un poco el alma, para que sea más bonita. Ser cristiano es hacer lo que hizo Jesús: servir. Él vino no para ser servido, sino para servir.

Meditación matutina en la capilla de la Domus Sancta Marthae,
30 de abril de 2015

115

5

MAFIA

Los mafiosos se aprovechan de la gente pobre para encargarles el trabajo sucio y luego si la policía encuentra a alguien, es a ellos, no a los mafiosos.

Visita a las parroquias romanas, 8 de marzo de 2015

La excomunión a los mafiosos

Cuando la adoración del Señor es sustituida por la adoración del dinero, se abre el camino al pecado, al interés personal y al abuso; cuando no se adora a Dios, al Señor, se llega a ser adoradores del mal, como lo son quienes viven de criminalidad y de violencia.

La 'ndrangheta es esto: adoración del mal y desprecio del bien común.

Este mal se debe combatir, se debe alejar. Es necesario decirle no. La Iglesia, que sé que está muy comprometida en educar las conciencias, debe entregarse cada vez más para que el bien pueda prevalecer.

Nos lo piden nuestros muchachos, nos lo exigen nuestros jóvenes necesitados de esperanza. Para poder dar respuesta a estas exigencias, la fe nos puede ayudar. Aquellos que en su vida siguen esta senda del mal, como son los mafiosos, no están en comunión con Dios: están excomulgados.

Homilía en Sibari (Cosenza), 21 de junio de 2014

¿Quién sirve al mal?

Uno no puede llamarse cristiano y violar la dignidad de las personas; quienes pertenecen a la comunidad cristiana no pueden programar y realizar gestos de violencia contra los demás y contra el medio ambiente.

Los gestos exteriores de religiosidad que no van acompañados por una auténtica y pública conversión no son suficientes para considerarse en comunión con Cristo y con su Iglesia.

Los gestos exteriores no son suficientes para acreditar como creyentes a quienes, con la maldad y la arrogancia típica de los criminales, hacen de la ilegalidad su estilo de vida.

A quienes eligieron el camino del mal y están afiliados a organizaciones criminales renuevo la apremiante invitación a la conversión. ¡Abrid vuestro corazón al Señor! ¡Abrid vuestro corazón al Señor!

El Señor os espera y la Iglesia os acoge si, como pública ha sido vuestra opción de servir al mal, clara y pública es también vuestra voluntad de servir al bien.

Discurso, 21 de febrero de 2015

Una invitación a la conversión

El deseo que siento es de compartir con vosotros una esperanza, y es ésta: que el sentido de responsabilidad poco a poco triunfe sobre la corrupción, en todas las partes del mundo... Y esto debe partir desde dentro, de las conciencias, y desde allí volver a curar, volver a sanar los comportamientos, las relaciones, las decisiones, el tejido social, de modo que la justicia gane espacio, se amplíe, se arraigue, y ocupe el sitio de la iniquidad.

En especial, quiero expresar mi solidaridad a quienes entre vosotros han perdido a una persona querida, víctima de la violencia mafiosa. Gracias por vuestro testimonio, porque no os habéis cerrado, sino que os habéis abierto, habéis salido, para contar vuestra historia de dolor y de esperanza. Esto es muy importante, especialmente para los jóvenes.

Quiero rezar con vosotros —y lo hago de corazón— por todas las víctimas de la mafia. Incluso hace pocos días, cerca de Taranto, se produjo un delito que no tuvo piedad ni siquiera de un niño. Pero al mismo tiempo recemos juntos, todos juntos, para pedir la fuerza de seguir adelante, de no desalentarnos, sino de seguir luchando contra la corrupción.

Y siento que no puedo terminar sin decir una palabra a los grandes ausentes, hoy, a los protagonistas ausentes: a los hombres y mujeres mafiosos. Por favor, cambiad de vida, convertíos, deteneos, dejad de hacer el mal. Y nosotros rezamos por vosotros. Convertíos, lo pido de rodillas; es por vuestro bien. Esta vida que vivís ahora, no os dará placer, no os dará alegría, no os dará felicidad. El poder, el dinero que vosotros ahora tenéis de tantos negocios sucios, de tantos crímenes mafiosos, es dinero ensangrentado, es poder ensangrentado, y no podréis llevarlo a la otra vida. Convertíos, aún hay tiempo, para no acabar en el infierno. Es lo que os espera si seguís por este camino. Habéis tenido un papá y una mamá: pensad en ellos. Llorad un poco y convertíos.

Discurso, 21 de marzo de 2014

Reaccionar a la violencia

Queridos napolitanos, abrid paso a la esperanza y no os dejéis robar la esperanza. No cedáis a las tentaciones de ganancias fáciles o de entradas deshonestas: esto es pan para hoy y hambre para mañana.

Reaccionad con firmeza ante las organizaciones que explotan y corrompen a los jóvenes, los pobres y los débiles, con el cínico comercio de la droga y otros delitos. No os dejéis robar la esperanza. No permitáis que vuestra juventud sea explotada por esta gente. Que la corrupción y la delincuencia no desfiguren el rostro de esta bella ciudad. Y más aún: que no desfiguren la alegría de vuestro corazón napolitano.

A los criminales y a sus cómplices humildemente, como hermano, repito: convertíos al amor y a la justicia. Dejaos encontrar por la misericordia de Dios. Sed conscientes de que Jesús os está buscando para abrazaros, para besaros, para amaros aún más. Con la gracia de Dios, que perdona todo y perdona siempre, es posible volver a una vida honrada. Os lo piden también las lágrimas de las madres de Nápoles, mezcladas con las de María, la Madre celestial. Que estas lágrimas ablanden la dureza de los corazones y reconduzcan a todos por el camino del bien.

Homilía, 21 de marzo de 2015

Los pobres forzados a «amafiarse»

Siendo obispo de Roma, quisiera detenerme en nuestro vivir en Roma, que representa un gran don, porque significa vivir en la Ciudad Eterna, significa para un cristiano, sobre todo, formar parte de la Iglesia fundada en el testimonio y el martirio de los santos apóstoles Pedro y Pablo. Y, por lo tanto, también por esto damos gracias al Señor. Pero al mismo tiempo representa una gran responsabilidad.

Sin duda, los graves hechos de corrupción, conocidos recientemente, requieren una seria y consciente conversión de los corazones para un renacimiento espiritual y moral, así como también para un renovado compromiso en la construcción de una ciudad más justa y solidaria, donde los pobres, los débiles y los marginados estén en el centro de nuestras preocupaciones y de nuestro obrar cotidiano. Se necesita una gran y diaria actitud de libertad cristiana para tener la valentía de proclamar, en nuestra ciudad, que hay que defender a los pobres, y no defenderse de los pobres, que hay que servir a los débiles, y no servirse de los débiles.

La enseñanza de un sencillo diácono romano nos puede ayudar. Cuando pidieron a san Lorenzo que mostrara los tesoros de la Iglesia, llevó sencillamente a algunos pobres. Cuando en una ciudad los pobres y los débiles son cuidados, atendidos y ayudados a promoverse en la sociedad, ellos se muestran como el tesoro de la Iglesia y de la sociedad. En cambio, cuando una sociedad ignora a los pobres, los persigue, los criminaliza, los obliga a «amafiarse», esa sociedad se empobrece hasta llegar a la miseria, pierde la libertad y prefiere «el ajo y las cebollas» de la esclavitud, de la esclavitud de su egoísmo, de la esclavitud de su pusilanimidad, y esa sociedad deja de ser cristiana.

Homilía, 31 de diciembre de 2014

6

EUTANASIA

*La vida es sagrada e inviolable desde su concepción
hasta su final natural.*

Discurso, 9 de mayo de 2014

Eutanasia escondida

Cuando en el centro del sistema ya no está el hombre sino el dinero, cuando el dinero se convierte en un ídolo, los hombres y las mujeres son reducidos a simples instrumentos de un sistema social y económico caracterizado, más bien dominado, por profundos desequilibrios. Y así se «descarta» lo que no sirve a esta lógica: es aquella actitud que descarta a los niños y a los ancianos, y que ahora golpea a los jóvenes.

Me sorprende la tasa de natalidad tan baja en Italia: así se pierde la unión con el futuro. De igual modo la cultura del descarte lleva a la eutanasia escondida de los ancianos, que son abandonados, en lugar de ser considerados como nuestra memoria. La unión con nuestro pasado es un recurso de sabiduría para el presente.

A veces me pregunto: ¿cuál será el próximo descarte? Tenemos que detenernos a tiempo. ¡Detengámonos, por favor!

Entrevista para La Stampa, octubre de 2014

La vida «descartada»

Se constata amargamente el predominio de las cuestiones técnicas y económicas en el centro del debate político, en detrimento de una orientación antropológica auténtica. El ser humano corre el riesgo de ser reducido a un mero engranaje de un mecanismo que lo trata como un simple bien de consumo para ser utilizado, de modo que —lamentablemente lo percibimos a menudo—, cuando la vida ya no sirve a dicho mecanismo se la descarta sin tantos reparos, como en el caso de los enfermos, los enfermos terminales, de los ancianos abandonados y sin atenciones, o de los niños asesinados antes de nacer.

Éste es el gran equívoco que se produce cuando prevalece la absolutización de la técnica que termina por causar una confusión entre los fines y los medios. Es el resultado inevitable de la «cultura del descarte» y del «consumismo exasperado».

Al contrario, afirmar la dignidad de la persona significa reconocer el valor de la vida humana, que se nos da gratuitamente y, por eso, no puede ser objeto de intercambio o de comercio.

Cuidar de la fragilidad de las personas y de los pueblos significa proteger la memoria y la esperanza; significa hacerse cargo del presente en su situación más marginal y angustiante, y ser capaz de dotarlo de dignidad.

Discurso al Parlamento Europeo, 25 de noviembre de 2014

Una sociedad acostumbrada a descartar

Los ancianos son descartados porque esta sociedad tira lo que no es útil: usa y tira. Los niños no son útiles: ¿para qué tener niños? Mejor no tenerlos. Pero yo igualmente tengo afecto, me arreglo incluso con un perrito y un gato. Nuestra sociedad es así: ¡cuánta gente prefiere descartar a los niños y consolarse con el perrito o con el gato! Se descartan a los niños, se descartan a los ancianos, porque se les deja solos. Nosotros, ancianos, tenemos achaques, problemas, y llevamos problemas a los demás, y la gente tal vez nos descarta por nuestros achaques, porque ya no servimos. Y está también esa costumbre —disculpadme la palabra— de dejarlos morir, y como nos gusta tanto usar eufemismos, decimos una palabra técnica: eutanasia. Pero no sólo la eutanasia realizada con una inyección, sino la eutanasia oculta, la de no darte las medicinas, no proporcionarte los tratamientos, haciendo triste tu vida, y así se muere, se acaba.

La mejor medicina para vivir largo tiempo: la cercanía, la amistad, la ternura. A veces pregunto a los hijos que tienen padres ancianos: ¿son cercanos a vuestros padres ancianos? Y si los tenéis en una residencia —porque en casa sucede que no se pueden tener por el hecho de que trabajan tanto el papá como la mamá—, ¿vais a visitarlos? En la otra diócesis, cuando visitaba las residencias, me encontré muchos ancianos a quienes preguntaba: «¿Y vuestros hijos?». «Bien, bien, bien». «¿Vienen a visitaros?». Se quedaban callados y yo me daba cuenta inmediatamente... «¿Cuándo vinieron la última vez?». «Por Navidad», y estábamos en el mes de agosto.

Discurso, 21 de marzo de 2015

123

Atentado a la vida

El nivel de progreso de una civilización se mide precisamente por la capacidad de custodiar la vida, sobre todo en sus fases más frágiles, más que por la difusión de instrumentos tecnológicos. Cuando hablamos del hombre, nunca olvidemos todos los atentados a la sacralidad de la vida humana. La plaga del aborto es un atentado a la vida. Es atentado a la vida dejar morir a nuestros hermanos en las pateras en el canal de Sicilia. Es atentado a la vida la muerte en el trabajo por no respetar las mínimas condiciones de seguridad. Es atentado a la vida la muerte por desnutrición. Es atentado a la vida el terrorismo, la guerra, la violencia; pero también la eutanasia. Amar la vida es ocuparse siempre del otro, querer su bien, cultivar y respetar su dignidad trascendente.

Discurso, 30 de mayo de 2015

7

ABORTO

Suscita horror sólo el pensar en los niños que no podrán ver nunca la luz, víctimas del aborto.

Discurso, 13 de enero de 2014

La sacralidad de la vida humana

La atención a la vida humana, especialmente la que cuenta con mayores dificultades, es decir, la del enfermo, el anciano, el niño, implica profundamente la misión de la Iglesia. Ella se siente llamada también a participar en el debate que tiene por objeto la vida humana, presentando la propia propuesta fundada en el Evangelio.

Desde muchos aspectos, la calidad de la vida está vinculada preferentemente a las posibilidades económicas, al «bienestar», a la belleza y al deleite de la vida física, olvidando otras dimensiones más profundas —relacionales, espirituales y religiosas— de la existencia.

En realidad, a la luz de la fe y de la recta razón, la vida humana es siempre sagrada y siempre «de calidad». No existe una vida humana más sagrada que otra: toda vida humana es sagrada. Como tampoco existe una vida humana cualitativamente más significativa que otra, sólo en virtud de mayores medios, derechos y oportunidades económicas y sociales.

El pensamiento dominante propone a veces una «falsa compasión»: la que considera una ayuda a la mujer al favorecer el aborto, un acto de dignidad facilitar la eutanasia, una conquista científica «producir» un hijo considerado como un derecho, en lugar de acogerlo como don; o usar vidas humanas como conejillos de laboratorio para salvar posiblemente a otras.

Estamos viviendo en una época de experimentación con la vida. Pero un experimentar mal. Tener hijos en lugar de acogerlos como don, como he dicho. Jugar con la vida. Estad atentos, porque esto es un pecado contra el Creador: contra Dios Creador, que creó de este modo las cosas.

Cuando muchas veces en mi vida de sacerdote escuché objeciones: «Pero, dime, ¿por qué la Iglesia se opone al aborto, por ejemplo? ¿Es un problema religioso?». «No, no. No es un problema religioso». «¿Es un problema filosófico?». «No, no es un problema filosófico».

Es un problema científico, porque allí hay una vida humana y no es lícito eliminar una vida humana para resolver un problema. «Pero no, el pensamiento moderno...». «Pero, oye, en el pensamiento antiguo y en el pensamiento moderno, la palabra matar significa lo mismo».

Discurso, 15 de noviembre de 2014

Aborto y confesión

Ésta también es la importancia de la confesión: el hecho de valorar caso por caso y poder discernir qué es lo mejor que puede hacer una persona que busca a Dios y su gracia.

El confesionario no es una sala de tortura, sino el lugar de la misericordia en el cual Dios nos estimula a hacer lo mejor que podemos. Pienso en la situación de una mujer que ha cargado con un matrimonio fallido y por el cual incluso tuvo que abortar. Después, esta mujer se casó y ahora tiene cinco hijos. El aborto le pesa sobremanera, pero se ha arrepentido sinceramente. Desea seguir en la vida cristiana. ¿Qué hace el confesor?

No podemos insistir sólo en las cuestiones ligadas al aborto, la boda homosexual y el empleo de los métodos anticonceptivos. Esto no es posible. Yo no he hablado mucho de estas cosas, y me lo han reprochado. Pero cuando se habla de esto, debe haber un contexto.

La opinión de la Iglesia se conoce y yo soy un hijo de la Iglesia, no es necesario hablar constantemente de estos temas.

Entrevista para La Civiltà Cattolica, 19 de septiembre de 2013

Apelo a los médicos

Nosotros asistimos hoy a una situación paradójica, que se refiere a la profesión médica. Por un lado, constatamos los progresos de la medicina, gracias al trabajo de científicos que, con pasión y sin descanso, se dedican a la investigación de los nuevos tratamientos. Por otro, sin embargo, registramos también el peligro de que el médico extravíe la propia identidad de servidor de la vida.

La vuestra es una singular vocación y misión, que necesita de estudio, de conciencia y de humanidad. En un tiempo, a las mujeres que ayudaban en el parto las llamábamos «comadre»: es como una madre con la otra, con la verdadera madre. También vosotros sois «comadres» y «compadres», también vosotros.

Una difundida mentalidad de lo útil, la «cultura del descarte», que hoy esclaviza los corazones y las inteligencias de muchos, tiene un altísimo costo: requiere eliminar seres humanos, sobre todo si son físicamente o socialmente más débiles.

Nuestra respuesta a esta mentalidad es un «sí» decidido y sin titubeos a la vida. El primer derecho de una persona humana es su vida. Las cosas tienen un precio y se pueden vender, pero las personas tienen una dignidad, valen más que las cosas y no tienen precio. Muchas veces nos hallamos en situaciones donde vemos que lo que cuesta menos es la vida. Por esto la atención a la vida humana en su totalidad se ha convertido en los últimos años en una auténtica prioridad del Magisterio de la Iglesia, particularmente a la más indefensa, o sea, al discapacitado, al enfermo, al que va a nacer, al niño, al anciano, que es la vida más indefensa.

En el ser humano frágil cada uno de nosotros está invitado a reconocer el rostro del Señor, que en su carne humana experimentó la indiferencia y la soledad a la que a menudo condenamos a los más pobres, tanto en los países en vías de desarrollo como en las sociedades del bienestar.

Cada niño no nacido, pero condenado injustamente a ser abortado, tiene el rostro de Jesucristo, tiene el rostro del Señor, que antes aun de nacer, y después recién nacido, experimentó el rechazo del mundo.

El Señor cuenta también con vosotros para difundir el «evangelio de la vida».

Discurso a los médicos católicos, 20 de septiembre de 2013

Comprensión y compasión

Entre esos débiles, que la Iglesia quiere cuidar con predilección, están también los niños por nacer, que son los más indefensos e inocentes de todos, a quienes hoy se les quiere negar su dignidad humana en orden a hacer con ellos lo que se quiera, quitándoles la vida y promoviendo legislaciones para que nadie pueda impedirlo.

Frecuentemente, para ridiculizar alegremente la defensa que la Iglesia hace de sus vidas, se procura presentar su postura como algo ideológico, oscurantista y conservador. Sin embargo, esta defensa de la vida para nacer está íntimamente ligada a la defensa de cualquier derecho humano. Supone la convicción de que un ser humano es siempre sagrado e inviolable, en cualquier situación y en cada etapa de su desarrollo. Es un fin en sí mismo y nunca un medio para resolver otras dificultades. Si esta convicción cae, no quedan fundamentos sólidos y permanentes para defender los derechos humanos, que siempre estarían sometidos a conveniencias circunstanciales de los poderosos en turno. La sola razón es suficiente para reconocer el valor inviolable de cualquier vida humana.

Precisamente porque es una cuestión que da la coherencia interna a nuestro mensaje sobre el valor de la persona humana, no debe esperarse que la Iglesia cambie su postura sobre esta cuestión. Quiero ser completamente honesto al respecto. Éste no es un asunto sujeto a supuestas reformas o «modernizaciones».

No es progresista pretender resolver los problemas eliminando una vida humana. Pero también es verdad que hemos hecho poco para acompañar adecuadamente a las mujeres que se encuentran en situaciones muy duras, donde el aborto se les presenta como una rápida solución a sus profundas angustias, particularmente cuando la vida que crece en ellas ha surgido como producto de una violación o en un contexto de extrema pobreza. ¿Quién puede dejar de comprender esas situaciones de tanto dolor?

Evangelii gaudium, nn. 213, 214

Proteger la vida

Uno de los riesgos más graves a los que se expone nuestra época es el divorcio entre economía y moral, entre las posibilidades que ofrece un mercado provisto de toda novedad tecnológica y las normas éticas elementales de la naturaleza humana, cada vez más descuidada. Es necesario, por lo tanto, ratificar una firme oposición a todo atentado directo contra la vida, especialmente inocente e indefensa; y el *nasciturus* (no nacido) en el seno materno es el inocente por antonomasia. Recordemos las palabras del Concilio Vaticano II: «La vida desde su concepción ha de ser salvaguardada con el máximo cuidado; el aborto y el infanticidio son crímenes abominables».

Recuerdo una vez, hace mucho tiempo, que tenía una conferencia con los médicos. Después de la conferencia saludé a los médicos —esto sucedió hace mucho tiempo—. Saludaba a los médicos, hablaba con ellos, y uno me llamó aparte. Tenía un paquete y me dijo: «Padre, quiero dejarle esto a usted. Éstos son los instrumentos que he utilizado para practicar abortos. He encontrado al Señor, me he arrepentido, y ahora lucho por la vida». Me entregó todos esos instrumentos. ¡Orad por este buen hombre!

A quien es cristiano le corresponde siempre este testimonio evangélico: proteger la vida con valor y amor en todas sus fases. Os animo a hacerlo siempre con el estilo de la cercanía, de la proximidad: que cada mujer se sienta considerada como persona, escuchada, acogida, acompañada.

Discurso, 11 de abril de 2014

El embrión

Dado que todo está relacionado, tampoco es compatible la defensa de la naturaleza con la justificación del aborto. No parece factible un camino educativo para acoger a los seres débiles que nos rodean, que a veces son molestos o inoportunos, si no se protege a un embrión humano, aunque su llegada sea causa de molestias y dificultades: «Si se pierde la sensibilidad personal y social para acoger una nueva vida, también se marchitan otras formas de acogida provechosas para la vida social». (Carta encíclica *Caritas in veritate*, 29 de junio 2009).

Está pendiente el desarrollo de una nueva síntesis que supere falsas dialécticas de los últimos siglos. El mismo cristianismo, manteniéndose fiel a su identidad y al tesoro de verdad que recibió de Jesucristo, siempre se repiensa y se expresa nuevamente en el diálogo con las nuevas situaciones históricas, dejando brotar así su eterna novedad.

Laudato si', nn. 120, 121

8

ANTICONCEPCIÓN

La Iglesia rechaza con todas sus fuerzas las intervenciones coercitivas del Estado en favor de la anticoncepción, la esterilización e incluso del aborto.

Amoris laetitia, n. 42
[frase repetida en la Relación final
del Sínodo de los Obispos, 24 de octubre de 2015]

El mal menor

El aborto no es un «mal menor». Es un crimen. Es echar fuera a uno para salvar a otro. Es lo que hace la mafia. Es un crimen, es un mal absoluto.

Sobre el «mal menor»: evitar el embarazo es un caso —hablamos en términos de conflicto entre el quinto y el sexto mandamientos—. Pablo VI, ¡el grande!, en una situación difícil en África permitió a las monjas usar anticonceptivos para casos de violencia.

No hay que confundir el mal de evitar el embarazo, por sí solo, con el aborto. El aborto no es un problema teológico: es un problema humano, es un problema médico. Se asesina a una persona para salvar a otra —en el mejor de los casos— o para vivir cómodamente. Va contra el juramento hipocrático que los médicos deben hacer. Es un mal en sí mismo, pero no es un mal religioso al inicio: no, es un mal humano. Y, evidentemente, como es un mal humano —como todo

132

asesinato— es condenado. En cambio, evitar el embarazo no es un mal absoluto. En ciertos casos, como en éste que he mencionado del beato Pablo VI, era claro.

Conferencia de prensa durante el vuelo de regreso desde México,
17 de febrero de 2016

Paternidad responsable

La palabra clave para responder es la que la Iglesia usa siempre, y también yo: paternidad responsable. ¿Cómo se hace esto? Con el diálogo. Cada persona, con su pastor, debe preguntarse cómo llevar a cabo esta paternidad responsable.

El ejemplo que he mencionado hace un poco, de aquella señora que esperaba el octavo hijo y había dado a luz a siete mediante cesárea: esto es una irresponsabilidad. «No, yo confío en Dios». «Pero mira, Dios te da los medios; sé responsable». Algunos creen que para ser buenos católicos tenemos que ser —perdonen la expresión— como conejos. No. Paternidad responsable. Esto es claro y para ello están en la Iglesia los grupos matrimoniales, están los expertos en esta materia, están los pastores, y se busca. Conozco muchas soluciones lícitas que han ayudado en esto.

Quisiera añadir otra cosa que no tiene nada que ver, pero que guarda relación con esto. Para la gente más pobre, un hijo es un tesoro. Es verdad, también hay que ser prudentes en esto. Pero, para ellos, un hijo es un tesoro. Dios sabe cómo ayudarlos. Puede ser que algunos no sean prudentes, es verdad. Paternidad responsable. Pero hay que tener en cuenta también la generosidad de ese padre y de esa madre que ven en cada hijo un tesoro.

Conferencia de prensa durante el viaje de regreso desde Filipinas,

19 de enero de 2015

Matrimonios «estériles»

A Jesús no le gustan esos matrimonios que no quieren hijos, que quieren permanecer sin fecundidad. Son el producto de la cultura del bienestar de hace diez años, según la cual es mejor no tener hijos, así puedes ir a conocer el mundo en vacaciones, puedes tener un chalé en el campo y estás tranquilo.

Es una cultura que sugiere que es más cómodo tener un perrito y dos gatos, así el amor se dirige a los dos gatos y al perrito. Pero obrando así este matrimonio, al final, llega a la vejez en soledad, con la amargura de una mala soledad: no es fecundo, no hace lo que Jesús hace con su Iglesia.

Meditación matutina en la capilla de la Domus Sanctae Marthae,

2 de junio de 2014

La apertura a la vida

La familia se ve también amenazada por el creciente intento, por parte de algunos, de redefinir la institución misma del matrimonio, guiados por el relativismo, la cultura de lo efímero, la falta de apertura a la vida.

Pienso en el beato Pablo VI en un momento donde se le proponía el problema del crecimiento de la población, y tuvo la valentía de defender la apertura a la vida de la familia. Él sabía las dificultades que había en cada familia, por eso en su Carta Encíclica era tan misericordioso con los casos particulares. Y pidió a los confesores que fueran muy misericordiosos y comprensivos con los casos particulares. Pero él miró más allá, miró a los pueblos de la tierra y vio esta amenaza de destrucción de la familia por la privación de los hijos. Pablo VI era valiente, era un buen pastor y alertó a sus ovejas de los lobos que venían.

Nuestro mundo necesita familias buenas y fuertes para superar estos peligros. Filipinas necesita familias santas y unidas para proteger la belleza y la verdad de la familia en el plan de Dios y para que sean un apoyo y ejemplo para otras familias. Toda amenaza para la familia es una amenaza para la propia sociedad. Como afirmaba a menudo san Juan Pablo II, el futuro de la humanidad pasa por la familia. El futuro pasa a través de la familia. Así pues, ¡custodiad vuestras familias!

Discurso a las familias, 16 de enero de 2015

Crecimiento demográfico y reducción de la natalidad

En lugar de resolver los problemas de los pobres y de pensar en un mundo diferente, algunos atinan sólo a proponer una reducción de la natalidad. No faltan presiones internacionales a los países en desarrollo, condicionando ayudas económicas a ciertas políticas de «salud reproductiva». Pero, si bien es cierto que la desigual distribución de la población y de los recursos disponibles crean obstáculos al desarrollo y al uso sostenible del ambiente, debe reconocerse que el crecimiento demográfico es plenamente compatible con un desarrollo integral y solidario.

Culpar al aumento de la población y no al consumismo extremo y selectivo de algunos es un modo de no enfrentar los problemas.

Se pretende legitimar así el modelo distributivo actual, donde una minoría se cree con el derecho de consumir en una proporción que sería imposible generalizar, porque el planeta no podría ni siquiera contener los residuos de semejante consumo.

Laudato si', n. 50

Educación sexual y afectiva de los jóvenes

Con frecuencia la educación sexual se concentra en la invitación a «cuidarse», procurando un «sexo seguro». Esta expresión transmite una actitud negativa hacia la finalidad procreativa natural de la sexualidad, como si un posible hijo fuera un enemigo del cual hay que protegerse. Así se promueve la agresividad narcisista, en lugar de la acogida. Es irresponsable toda invitación a los adolescentes a que jueguen con sus cuerpos y deseos, como si tuvieran la madurez, los valores, el compromiso mutuo y los objetivos propios del matrimonio. De ese modo se los alienta alegremente a utilizar a otra persona como objeto de búsquedas compensatorias de carencias o de grandes límites. Es importante más bien enseñarles un camino en torno a las diversas expresiones del amor, al cuidado mutuo, a la ternura respetuosa, a la comunicación rica de sentido. Porque todo eso prepara para un don de sí íntegro y generoso que se expresará, luego de un compromiso público, en la entrega de los cuerpos.

La unión sexual en el matrimonio aparecerá así como signo de un compromiso totalizante, enriquecido por todo el camino previo.

Amoris laetitia, n. 283

CUARTA PARTE

EL JUICIO DE LA HISTORIA SOBRE LA HISTORIA

*¡Hay un juicio de Dios y también un juicio de la historia
sobre nuestras acciones del cual no se puede huir!*

Ángelus, 1 de septiembre de 2013

1

EUROPA

Hoy Europa tiene que recuperar la capacidad de integración que siempre ha tenido.

Conferencia de prensa, 16 de abril de 2016

Exclusión e integración

¿Qué te ha sucedido Europa humanista, defensora de los derechos humanos, de la democracia y de la libertad? ¿Qué te ha pasado Europa, tierra de poetas, filósofos, artistas, músicos, escritores? ¿Qué te ha ocurrido Europa, madre de pueblos y naciones, madre de grandes hombres y mujeres que fueron capaces de defender y dar la vida por la dignidad de sus hermanos?

Los proyectos de los padres no han sido superados: inspiran, hoy más que nunca, a construir puentes y derribar muros. Los reduccionismos y todos los intentos de uniformar, lejos de generar valor, condenan a nuestra gente a una pobreza cruel: la de la exclusión. Y, más que aportar grandeza, riqueza y belleza, la exclusión provoca bajeza, pobreza y fealdad. Más que dar nobleza de espíritu, les aporta mezquindad.

Las raíces de nuestros pueblos, las raíces de Europa se fueron consolidando en el transcurso de su historia, aprendiendo a integrar en síntesis siempre nuevas las culturas más diversas y sin relación aparente entre ellas. La identidad europea es, y siempre ha sido, una identidad dinámica y multicultural.

Estamos invitados a promover una integración que encuentra en la solidaridad el modo de hacer las cosas, el modo de construir la historia. Una solidaridad que nunca puede ser confundida con la limosna, sino como generación de oportunidades para que todos los habitantes de nuestras ciudades —y de muchas otras ciudades— puedan desarrollar su vida con dignidad. El tiempo nos enseña que no basta solamente la integración geográfica de las personas, sino que el reto es una fuerte integración cultural. De esta manera, la comunidad de los pueblos europeos podrá vencer la tentación de replegarse sobre paradigmas unilaterales y de aventurarse en «colonizaciones ideológicas»; más bien redescubrirá la amplitud del alma europea, nacida del encuentro de civilizaciones y pueblos, más vasta que los actuales confines de la Unión y llamada a convertirse en modelo de nuevas síntesis y de diálogo.

Discurso, 6 de mayo de 2016

La cultura del diálogo

Si hay una palabra que tenemos que repetir hasta cansarnos es ésta: diálogo. Estamos invitados a promover una cultura del diálogo, tratando por todos los medios de crear instancias para que esto sea posible y nos permita reconstruir el tejido social. La cultura del diálogo implica un auténtico aprendizaje, una ascesis que nos permita reconocer al otro como un interlocutor válido; que nos permita mirar al extranjero, al emigrante, al que pertenece a otra cultura como sujeto digno de ser escuchado, considerado y apreciado.

Para nosotros, hoy es urgente involucrar a todos los actores sociales en la promoción de «una cultura que privilegie el diálogo como forma de encuentro, la búsqueda de consensos y acuerdos, pero sin separarla de la preocupación por una sociedad justa, memoriosa y sin exclusiones» *(Evangelii gaudium,* 239). La paz será duradera en la medida en que armemos a nuestros hijos con las armas del diálogo, les enseñemos la buena batalla del encuentro y la negociación. De esta manera podremos dejarles en herencia una cultura que sepa delinear estrategias no de muerte, sino de vida, no de exclusión, sino de integración.

Esta cultura de diálogo, que debería ser incluida en todos los programas escolares como un eje transversal de las disciplinas, ayudará a inculcar a las nuevas generaciones un modo diferente de resolver los conflictos al que les estamos acostumbrando. Hoy urge crear «coaliciones», no sólo militares o económicas, sino culturales, educativas, filosóficas, religiosas. Coaliciones que pongan de relieve cómo, detrás de muchos conflictos, está en juego con frecuencia el poder de grupos económicos. Coaliciones capaces de defender las personas de ser utilizadas para fines impropios. Armemos a nuestra gente con la cultura del diálogo y del encuentro.

Discurso, 6 de mayo de 2016

Sueño una Europa...

Sueño una Europa joven, capaz de ser todavía madre: una madre que tenga vida, porque respeta la vida y ofrece esperanza de vida. Sueño una Europa que se hace cargo del niño, que como un hermano socorre al pobre y a los que vienen en busca de acogida, porque ya no tienen nada y piden refugio. Sueño una Europa que escucha y valora a los enfermos y a los ancianos, para que no sean reducidos a objetos improductivos de descarte. Sueño una Europa, donde ser emigrante no sea un delito, sino una invitación a un mayor compromiso con la dignidad de todo ser humano. Sueño una Europa donde los jóvenes respiren el aire limpio de la honestidad, amen la belleza de la cultura y de una vida sencilla, no contaminada por las infinitas necesidades del consumismo; donde casarse y tener hijos sea una responsabilidad y una gran alegría, y no un problema debido a la falta de un trabajo suficientemente estable. Sueño una Europa de las familias, con políticas realmente eficaces, centradas en los rostros más que en los números, en el nacimiento de hijos más que en el aumento de los bienes. Sueño una Europa que promueva y proteja los derechos de cada uno, sin olvidar los deberes para con todos. Sueño una Europa de la cual no se pueda decir que su compromiso por los derechos humanos ha sido su última utopía.

Discurso, 6 de mayo de 2016

Puentes y muros

Entiendo a los gobiernos y también a los pueblos que tienen un cierto temor. Esto lo comprendo y debemos tener una gran responsabilidad en la acogida. Uno de los aspectos de dicha responsabilidad es éste: cómo hacer posible integrarnos nosotros y estas personas. Siempre he dicho que construir muros no es la solución. En el siglo pasado vimos la caída de uno. No se resuelve nada. Debemos construir puentes. Pero los puentes se construyen inteligentemente, se hacen con el diálogo, con la integración. Y por eso comprendo que haya un cierto temor. Pero cerrar las fronteras no resuelve nada, porque la clausura, a la larga, perjudica al propio pueblo. Europa debe elaborar urgentemente políticas de acogida, de integración, de crecimiento, de trabajo y de reforma de la economía. Todas estas cosas son los puentes que nos llevarán a no construir muros. El miedo tiene toda mi comprensión, pero después de todo lo que he visto —y cambio de tema, pero quiero decirlo ahora—, y que también ustedes mismos han visto en ese campo de refugiados, daban ganas de llorar. Los niños... Traje estos dibujos conmigo para enseñárselos, los niños me han regalado muchos [el Papa muestra varios dibujos, uno después del otro, y los comenta] Uno; ¿qué quieren estos niños? Paz, porque sufren. Allí, en el campo, tienen cursos de educación. Pero, ¡qué no han visto esos niños! Miren esto: han visto también ahogarse a un niño. Esto lo llevan en su corazón.

Conferencia de prensa durante el vuelo de regreso desde Grecia,
16 de abril de 2016

El problema demográfico

Cuando convoqué el primer Sínodo, la gran preocupación de la mayor parte de los medios de comunicación era: ¿podrían recibir la comunión los divorciados que se han vuelto a casar? Y como yo no soy santo, eso me molestó un poco y también me dio un poco de tristeza. Porque yo pienso: pero esos medios de comunicación, que dicen tantas cosas, ¿no se dan cuenta de que no es ése el problema principal? ¿Acaso no se dan cuenta que la familia, en todo el mundo, está en crisis? Y la familia es la base de la sociedad. ¿No se percatan de que los jóvenes no quieren casarse? ¿No ven que la disminución de la natalidad en Europa es como para ponerse a llorar? ¿No saben que la falta de trabajo y la dificultad para encontrarlo obligan a que el padre y la madre tengan dos empleos, y que los niños crezcan solos, sin aprender a crecer en diálogo con papá y mamá?

Conferencia de prensa durante el vuelo de regreso desde Grecia,
16 de abril de 2016

Los valores de Europa

Una Europa que no es capaz de abrirse a la dimensión trascendente de la vida es una Europa que corre el riesgo de perder lentamente la propia alma y también aquel «espíritu humanista» que, sin embargo, ama y defiende.

Precisamente a partir de la necesidad de una apertura a la trascendencia, deseo afirmar la centralidad de la persona humana, que de otro modo estaría en manos de las modas y poderes del momento. En este sentido, considero fundamental no sólo el patrimonio que el cristianismo ha dejado en el pasado para la formación cultural del continente, sino, sobre todo, la contribución que pretende dar hoy y en el futuro para su crecimiento. Dicha contribución no constituye un peligro para la laicidad de los Estados y para la independencia de las instituciones de la Unión, sino que es un enriquecimiento. Nos lo indican los ideales que la han formado desde el principio, como son: la paz, la subsidiariedad, la solidaridad recíproca y un humanismo centrado sobre el respeto de la dignidad de la persona.

Estoy igualmente convencido de que una Europa capaz de apreciar las propias raíces religiosas, sabiendo aprovechar su riqueza y potencialidad, puede ser también más fácilmente inmune a tantos extremismos que se expanden en el mundo actual, también por el gran vacío en el ámbito de los ideales, como lo vemos en el así llamado Occidente, porque «es precisamente este olvido de Dios, en lugar de su glorificación, lo que engendra la violencia».

Europa ha estado siempre en primera línea de un loable compromiso en favor de la ecología. En efecto, esta tierra nuestra necesita de continuos cuidados y atenciones, y cada uno tiene una responsabilidad personal en la custodia de la creación, don precioso que Dios ha puesto en las manos de los hombres.

Discurso al Parlamento europeo, 25 de noviembre de 2014

2

FE Y RELIGIÓN

Nunca rígidos, nunca cerrados, siempre abiertos a la voz de Dios que
habla, que abre, que conduce, que nos invita a ir hacia el horizonte.

Homilía, 2 de febrero de 2014

La fe y la realidad

Los Pastores, acogiendo los aportes de las distintas ciencias, tienen derecho a emitir opiniones sobre todo aquello que afecte a la vida de las personas, ya que la tarea evangelizadora implica y exige una promoción integral de cada ser humano.

Ya no se puede decir que la religión debe recluirse en el ámbito privado y que está sólo para preparar las almas para el cielo. Sabemos que Dios quiere la felicidad de sus hijos también en esta tierra, aunque estén llamados a la plenitud eterna, porque Él creó todas las cosas «para que las disfrutemos» (1 Tm 6,17), para que todos puedan disfrutarlas. De ahí que la conversión cristiana exija revisar «especialmente todo lo que pertenece al orden social y a la obtención del bien común».

Por consiguiente, nadie puede exigirnos que releguemos la religión a la intimidad secreta de las personas, sin influencia alguna en la vida social y nacional, sin preocuparnos por la salud de las instituciones de la sociedad civil, sin opinar sobre los acontecimientos que afectan a los ciudadanos.

¿Quién pretendería encerrar en un templo y acallar el mensaje de san Francisco de Asís y de la beata Teresa de Calcuta? Ellos no podrían aceptarlo.

Una auténtica fe —que nunca es cómoda e individualista— siempre implica un profundo deseo de cambiar el mundo, de transmitir valores, de dejar algo mejor detrás de nuestro paso por la tierra.

Amamos este magnífico planeta donde Dios nos ha puesto, y amamos a la humanidad que lo habita, con todos sus dramas y cansancios, con sus anhelos y esperanzas, con sus valores y fragilidades. La tierra es nuestra casa común y todos somos hermanos.

Si bien «el orden justo de la sociedad y del Estado es una tarea principal de la política», la Iglesia «no puede ni debe quedarse al margen en la lucha por la justicia».

Todos los cristianos, también los Pastores, están llamados a preocuparse por la construcción de un mundo mejor.

Evangelii gaudium, nn. 182-183

La vida consagrada

Tenemos que ser hombres y mujeres consagrados, pero no para alejarnos de la gente y tener todas las comodidades, no, para acercarnos y entender la vida de los cristianos y de los no cristianos, los sufrimientos y los problemas, las muchas cosas que solamente se entienden si un hombre y una mujer consagrada se hacen próximo: en la proximidad.

«Pero, Padre, yo soy una religiosa de clausura, ¿qué debo hacer?». Pensad en santa Teresa del Niño Jesús, patrona de las misiones, que con su corazón ardiente era próxima a la gente. Proximidad.

Hacerse consagrados no significa subir uno, dos, tres escalones en la sociedad. Es verdad, muchas veces escuchamos a los padres: «Sabe padre, ¡yo tengo una hija religiosa, yo tengo un hijo fraile!». Y lo dicen con orgullo. ¡Y es verdad! Es una satisfacción para los padres tener hijos consagrados; esto es verdad. Pero para los consagrados no es un estatus de vida que me hace ver a los otros así con indiferencia.

La vida consagrada me debe llevar a la cercanía con la gente: cercanía física, espiritual, conocer a la gente. «Ah, sí, Padre, en mi comunidad la superiora nos ha dado el permiso de salir, ir los barrios pobres con la gente...». «Y en tu comunidad, ¿hay religiosas ancianas?». «Sí, sí... Está la enfermería en el tercer piso». «Y, ¿cuántas veces al día tú vas a visitar a tus religiosas, las ancianas que pueden ser tu mamá o tu abuela?». «Sabe, Padre, yo estoy muy ocupada en el trabajo y no logro ir...».

¡Proximidad! ¿Quién es el primer prójimo de un consagrado o de una consagrada? El hermano o la hermana de la comunidad. Éste es vuestro primer prójimo. Es también una proximidad hermosa, buena, con amor. Yo sé que en sus comunidades jamás se murmura, jamás, jamás...

Un modo de alejarse de los hermanos y de las hermanas de la comunidad es éste: el terrorismo de los chismorreos. Escuchad bien: no al chismorreo, al terrorismo de los chismorreos, porque quien habla mal es un terrorista.

Es un terrorista dentro la propia comunidad, porque lanza como una bomba la palabra contra éste, contra aquél, y luego se va tranquilo. ¡Destruye! ¡Quien hace esto destruye como una bomba y él se aleja!

Discurso, 1 de febrero de 2016

Castidad «fecunda»

La castidad como carisma precioso, que ensancha la libertad de entrega a Dios y a los demás, con la ternura, la misericordia, la cercanía de Cristo.

La castidad por el reino de los cielos muestra cómo la afectividad tiene su lugar en la libertad madura y se convierte en un signo del mundo futuro, para hacer resplandecer siempre el primado de Dios. Pero, por favor, una castidad «fecunda», una castidad que genera hijos espirituales en la Iglesia.

La consagrada es madre, debe ser madre y no «solterona». ¡Disculpadme si hablo así, pero es importante esta maternidad de la vida consagrada, esta fecundidad!

Que esta alegría de la fecundidad espiritual anime vuestra existencia; sed madres, a imagen de María Madre y de la Iglesia Madre. No se puede comprender a María sin su maternidad, no se puede comprender a la Iglesia sin su maternidad, y vosotras sois iconos de María y de la Iglesia.

Discurso a la Unión de las Superioras Generales,
8 de mayo de 2013

El don de celibato

La Iglesia católica tiene sacerdotes casados, ¿no? Los greco-católicos, los católicos coptos..., ¿no? En el rito oriental, hay sacerdotes casados.

Porque el celibato no es un dogma de fe, es una regla de vida que yo valoro mucho y creo que es un don para la Iglesia. No siendo un dogma de fe, siempre está la puerta abierta: en este momento no hemos hablado de esto, como programa, al menos por este tiempo. Tenemos cosas más fuertes de que ocuparnos. Con Bartolomé, este tema no lo hemos tocado, porque es secundario, de verdad, en las relaciones con los ortodoxos.

Rueda de prensa durante el vuelo de regreso desde Tierra Santa,
26 de mayo de 2014

Obediencia y docilidad

A veces, Dios puede dar el don de la sabiduría a un joven inexperto, pero a condición de que esté dispuesto a recorrer el camino de la obediencia y de la docilidad al Espíritu. Esta obediencia y docilidad no es algo teórico, sino que está bajo el régimen de la encarnación del Verbo: docilidad y obediencia a un fundador, docilidad y obediencia a una regla concreta, docilidad y obediencia a un superior, docilidad y obediencia a la Iglesia. Se trata de una docilidad y obediencia concreta.

Perseverando en el camino de la obediencia, madura la sabiduría personal y comunitaria, y así es posible también adaptar las reglas a los tiempos: de hecho, la verdadera «actualización» es obra de la sabiduría, forjada en la docilidad y la obediencia.

El fortalecimiento y la renovación de la Vida Consagrada pasan por un gran amor a la regla, y también por la capacidad de contemplar y escuchar a los mayores de la Congregación. Así, el «depósito», el carisma de una familia religiosa, queda custodiado tanto por la obediencia como por la sabiduría.

Y este camino nos salva de vivir nuestra consagración de manera *light*, desencarnada, como si fuera una gnosis, que reduce la vida religiosa a una "caricatura", una caricatura en la que se da un seguimiento sin renuncia, una oración sin encuentro, una vida fraterna sin comunión, una obediencia sin confianza y una caridad sin trascendencia.

Guiemos el pueblo a Jesús dejándonos a su vez guiar por Él. Eso es lo que debemos ser: guías guiados.

Homilía, 2 de febrero de 2015

Las mujeres en la Iglesia

No existe problema alguno para que una mujer —una religiosa o una laica— haga la predicación en una Liturgia de la Palabra. No existe problema. Pero en la celebración eucarística hay una cuestión litúrgico-dogmática, porque la celebración es una y quien la preside es Jesucristo. El sacerdote o el obispo que preside lo hace en la persona de Jesucristo. En esa situación, al no existir la ordenación de las mujeres, no pueden presidir. Pero se puede estudiar mejor y explicar más esto que muy velozmente y un poco sencillamente he dicho ahora.

Las mujeres consagradas ya trabajan mucho con los pobres, hacen muchas cosas... en el «hacer». Y toca el problema del diaconado permanente. ¡Alguien podría decir que las «diaconisas permanentes» en la vida de la Iglesia son las suegras! En efecto esto está en la antigüedad: había un inicio... Recuerdo a un teólogo sirio que me explicó que en los primeros tiempos de la Iglesia hubo algunas «diaconisas».

Parece que el papel de las diaconisas era ayudar en el bautismo de las mujeres, en la inmersión, las bautizaban ellas, por el decoro, también para hacer las unciones sobre el cuerpo de las mujeres, en el bautismo. Y también una cosa curiosa: cuando había un juicio matrimonial porque el marido golpeaba a la mujer y ella iba al obispo a lamentarse, las diaconisas eran las encargadas de ver las marcas en el cuerpo de la mujer por los golpes del marido e informar al obispo.

Quisiera constituir una comisión oficial que pueda estudiar la cuestión: creo que hará bien a la Iglesia aclarar este punto.

Discurso, 12 de mayo de 2016

3

HOMBRE Y MUJER

La manera de ver un problema, de ver cualquier cosa, en una mujer es diferente a la del hombre. Tienen que ser complementarios.

Audiencia, 12 de mayo de 2016

Reciprocidad de papeles

En la configuración del propio modo de ser, femenino o masculino, no confluyen sólo factores biológicos o genéticos, sino múltiples elementos que tienen que ver con el temperamento, la historia familiar, la cultura, las experiencias vividas, la formación recibida, las influencias de amigos, familiares y personas admiradas, y otras circunstancias concretas que exigen un esfuerzo de adaptación.

Es verdad que no podemos separar lo que es masculino y femenino de la obra creada por Dios, que es anterior a todas nuestras decisiones y experiencias, donde hay elementos biológicos que es imposible ignorar. Pero también es verdad que lo masculino y lo femenino no son algo rígido.

Por eso es posible, por ejemplo, que el modo de ser masculino del esposo pueda adaptarse de manera flexible a la situación laboral de la esposa. Asumir tareas domésticas o algunos aspectos de la crianza de los hijos no lo vuelven menos masculino ni significan un fracaso, una claudicación o una vergüenza. Hay que ayudar a los niños a aceptar con normalidad estos sanos «intercambios», que no quitan dignidad alguna a la figura paterna.

La rigidez se convierte en una sobreactuación de lo masculino o femenino, y no educa a los niños y jóvenes para la reciprocidad encarnada en las condiciones reales del matrimonio. Esa rigidez, a su vez, puede impedir el desarrollo de las capacidades de cada uno, hasta el punto de llevar a considerar como poco masculino dedicarse al arte o a la danza y poco femenino desarrollar alguna tarea de conducción.

Esto gracias a Dios ha cambiado, pero en algunos lugares ciertas concepciones inadecuadas siguen condicionando la legítima libertad y mutilando el auténtico desarrollo de la identidad concreta de los hijos o de sus potencialidades.

Amoris laetitia, n. 286

En principio

Éste es el sueño de Dios para su criatura predilecta: verla realizada en la unión de amor entre hombre y mujer; feliz en el camino común, fecunda en la donación recíproca. Es el mismo designio que Jesús resume en el Evangelio de hoy con estas palabras: «Al principio de la creación Dios los creó hombre y mujer. Por eso abandonará el hombre a su padre y a su madre, se unirá a su mujer, y serán los dos una sola carne. De modo que ya no son dos, sino una sola carne» (Mc 10, 6-8; cf. Gn 1, 27; 2, 24).

Jesús, ante la pregunta retórica que le habían dirigido —probablemente como una trampa, para hacerlo quedar mal ante la multitud que lo seguía y que practicaba el divorcio, como realidad consolidada e intangible—, responde de forma sencilla e inesperada: restituye todo al origen, al origen de la creación, para enseñarnos que Dios bendice el amor humano, es él el que une los corazones de un hombre y una mujer que se aman y los une en la unidad y en la indisolubilidad.

Esto significa que el objetivo de la vida conyugal no es sólo vivir juntos, sino también amarse para siempre. Jesús restablece así el orden original y originante.

«Lo que Dios ha unido, que no lo separe el hombre» (Mc 10, 9). Es una exhortación a los creyentes a superar toda forma de individualismo y de legalismo, que esconde un mezquino egoísmo y el miedo de aceptar el significado auténtico de la pareja y de la sexualidad humana en el plan de Dios.

Homilía, 4 de octubre de 2015

El don de la maternidad

Muchas cosas pueden cambiar y han cambiado en la evolución cultural y social, pero permanece el hecho de que es la mujer quien concibe, lleva en el seno y da a luz a los hijos de los hombres. Esto no es sencillamente un dato biológico, sino que comporta una riqueza de implicaciones tanto para la mujer misma, por su modo de ser, como para sus relaciones, por el modo de situarse ante la vida humana y la vida en general. Llamando a la mujer a la maternidad, Dios le ha confiado de manera muy especial el ser humano.

Aquí, sin embargo, hay dos peligros siempre presentes, dos extremos opuestos que afligen a la mujer y a su vocación. El primero es reducir la maternidad a un papel social, a una tarea, incluso noble, pero que de hecho desplaza a la mujer con sus potencialidades, no la valora plenamente en la construcción de la comunidad. Esto tanto en el ámbito civil como en el ámbito eclesial.

Y, como reacción a esto, existe otro peligro, en sentido opuesto, el de promover una especie de emancipación que, para ocupar los espacios sustraídos al ámbito masculino, abandona lo femenino con los rasgos preciosos que lo caracterizan.

Aquí desearía subrayar cómo la mujer tiene una sensibilidad especial para las «cosas de Dios», sobre todo en ayudarnos a comprender la misericordia, la ternura y el amor que Dios tiene por nosotros. A mí me gusta incluso pensar que la Iglesia no es «el» Iglesia, es «la» Iglesia. La Iglesia es mujer, es madre, y esto es hermoso. Debéis pensar y profundizar en esto.

También en la Iglesia es importante preguntarse: ¿qué presencia tiene la mujer? Sufro —digo la verdad— cuando veo en la Iglesia o en algunas organizaciones eclesiales que el papel de servicio —que todos nosotros tenemos y debemos tener— que el papel de servicio de la mujer se desliza hacia un papel de servidumbre. ¿Qué presencia tiene la mujer en la Iglesia? ¿Puede ser mayormente valorada?

Discurso, 12 de octubre de 2013

La alianza entre hombre y mujer

Al hombre, le faltaba algo para llegar a su plenitud, le faltaba la reciprocidad. La mujer no es una «réplica» del hombre; viene directamente del gesto creador de Dios.

La imagen de la «costilla» no expresa en ningún sentido inferioridad o subordinación, sino, al contrario, que hombre y mujer son de la misma sustancia y son complementarios. Y el hecho que Dios plasme a la mujer mientras el hombre duerme, destaca precisamente que ella no es de ninguna manera una criatura del hombre, sino de Dios. Sugiere también otra cosa: para encontrar a la mujer —y podemos decir para encontrar el amor en la mujer—, el hombre primero tiene que soñarla y luego la encuentra.

El pecado genera desconfianza y división entre el hombre y la mujer. Su relación se verá asechada por mil formas de abuso y sometimiento, seducción engañosa y prepotencia humillante, hasta las más dramáticas y violentas. La historia carga las huellas de todo eso. Pensemos, por ejemplo, en los excesos negativos de las culturas patriarcales. Pensemos en las múltiples formas de machismo donde la mujer era considerada de segunda clase. Pensemos en la instrumentalización y mercantilización del cuerpo femenino en la actual cultura mediática. Pero pensemos también en la reciente epidemia de desconfianza, de escepticismo, e incluso de hostilidad que se difunde en nuestra cultura —en especial a partir de una comprensible desconfianza de las mujeres— respecto a una alianza entre hombre y mujer que sea capaz, al mismo tiempo, de afinar la intimidad de la comunión y custodiar la dignidad de la diferencia.

Audiencia, 22 de abril de 2015

Los mismos derechos

El matrimonio consagrado por Dios custodia el vínculo entre el hombre y la mujer que Dios bendijo desde la creación del mundo; y es fuente de paz y de bien para toda la vida conyugal y familiar. Por ejemplo, en los primeros tiempos del cristianismo, esta gran dignidad del vínculo entre el hombre y la mujer acabó con un abuso considerado en ese entonces totalmente normal, o sea, el derecho de los maridos de repudiar a sus mujeres, incluso con los motivos más infundados y humillantes. El Evangelio de la familia, el Evangelio que anuncia precisamente este Sacramento acabó con esa cultura de repudio habitual.

La semilla cristiana de la igualdad radical entre cónyuges hoy debe dar nuevos frutos. El testimonio de la dignidad social del matrimonio llegará a ser persuasivo precisamente por este camino, el camino del testimonio que atrae, el camino de la reciprocidad entre ellos, de la complementariedad entre ellos.

Por eso, como cristianos, tenemos que ser más exigentes al respecto. Por ejemplo: sostener con decisión el derecho a la misma retribución por el mismo trabajo; ¿por qué se da por descontado que las mujeres tienen que ganar menos que los hombres? ¡No! Tienen los mismos derechos. ¡La desigualdad es un auténtico escándalo! Al mismo tiempo, reconocer como riqueza siempre válida la maternidad de las mujeres y la paternidad de los hombres, en beneficio, sobre todo de los niños.

Audiencia, 29 de abril de 2015

Una mirada diferente

Hoy, 8 de marzo, un saludo a todas las mujeres. Todas las mujeres que cada día tratan de construir una sociedad más humana y acogedora. Y también un gracias fraterno a las que de mil modos testimonian el Evangelio y trabajan en la Iglesia.

Y ésta es para nosotros una ocasión para reafirmar la importancia y la necesidad de su presencia en la vida. Un mundo donde las mujeres son marginadas es un mundo estéril, porque las mujeres no sólo traen la vida sino que también nos transmiten la capacidad de ver más allá —ven más allá de ellas—, nos transmiten la capacidad de comprender el mundo con ojos diversos, de sentir las cosas con corazón más creativo, más paciente, más tierno. Una oración y una bendición particular para todas las mujeres presentes aquí, en la plaza, y para todas las mujeres.

Ángelus, 8 de marzo de 2015

Aprender a amar

La alianza de amor entre el hombre y la mujer, alianza por la vida, no se improvisa, no se hace de un día para el otro. No existe el matrimonio exprés: es necesario trabajar en el amor, es necesario caminar. La alianza del amor del hombre y la mujer se aprende y se afina. Me permito decir que se trata de una alianza artesanal. Hacer de dos vidas una vida sola, es incluso casi un milagro, un milagro de la libertad y del corazón, confiado a la fe.

Tal vez deberíamos comprometernos más en este punto, porque nuestras «coordenadas sentimentales» están un poco confusas. Quien pretende querer todo y enseguida, luego cede también en todo —y enseguida— ante la primera dificultad (o ante la primera ocasión).

No hay esperanza para la confianza y la fidelidad del don de sí, si prevalece la costumbre de consumir el amor como una especie de «complemento» del bienestar psicofísico. Esto no es el amor.

El noviazgo fortalece la voluntad de custodiar juntos algo que jamás deberá ser comprado o vendido, traicionado o abandonado, por más atractiva que sea la oferta.

Audiencia, 27 de mayo de 2015

4

SEXUALIDAD

El lenguaje del cuerpo requiere el paciente aprendizaje que permite interpretar y educar los propios deseos para entregarse de verdad.

Amoris laetitia, n. 284

El amor trivializado

Al mismo tiempo que les invito a descubrir la belleza de la vocación humana al amor, les pido que se rebelen contra esa tendencia tan extendida de banalizar el amor, sobre todo cuando se intenta reducirlo solamente al aspecto sexual, privándolo así de sus características esenciales de belleza, comunión, fidelidad y responsabilidad.

Queridos jóvenes, en la cultura de lo provisional, de lo relativo, muchos predican que lo importante es «disfrutar» el momento, que no vale la pena comprometerse para toda la vida, hacer opciones definitivas, «para siempre», porque no se sabe lo que pasará mañana.

Yo, en cambio, les pido que sean revolucionarios, les pido que vayan a contracorriente; sí, en esto les pido que se rebelen contra esta cultura de lo provisional, que, en el fondo, cree que ustedes no son capaces de asumir responsabilidades, cree que ustedes no son capaces de amar verdaderamente. Yo tengo confianza en ustedes, jóvenes, y pido por ustedes.

Atrévanse a «ir a contracorriente». Y atrévanse también a ser felices.

Mensaje para la XXX Jornada Mundial de Juventud,

31 de enero de 2015

El erotismo regalo de Dios

Dios mismo creó la sexualidad, que es un regalo maravilloso para sus creaturas. Cuando se la cultiva y se evita su descontrol, es para impedir que se produzca el empobrecimiento de un valor auténtico.

San Juan Pablo II rechazó que la enseñanza de la Iglesia lleve a una negación del valor del sexo humano, o que simplemente lo tolere por la necesidad misma de la procreación. A quienes temen que en la educación de las pasiones y de la sexualidad se perjudique la espontaneidad del amor sexuado, san Juan Pablo II les respondía que el ser humano está llamado a la plena y madura espontaneidad de las relaciones, que «es el fruto gradual del discernimiento de los impulsos del propio corazón».

Es algo que se conquista, ya que todo ser humano debe aprender con perseverancia y coherencia lo que es el significado del cuerpo. La sexualidad no es un recurso para gratificar o entretener, ya que es un lenguaje interpersonal donde el otro es tomado en serio, con su sagrado e inviolable valor. Así, el corazón humano se hace partícipe, por decirlo así, de otra espontaneidad.

En este contexto, el erotismo aparece como manifestación específicamente humana de la sexualidad. En él se puede encontrar el significado esponsalicio del cuerpo y la auténtica dignidad del don.

El más sano erotismo, si bien está unido a una búsqueda de placer, supone la admiración, y por eso puede humanizar los impulsos.

Amoris laetitia, nn. 150, 152

Desviación de la sexualidad

De ninguna manera podemos entender la dimensión erótica del amor como un mal permitido o como un peso a tolerar por el bien de la familia, sino como don de Dios que embellece el encuentro de los esposos.

Siendo una pasión sublimada por un amor que admira la dignidad del otro, llega a ser una «plena y limpísima afirmación amorosa», que nos muestra de qué maravillas es capaz el corazón humano y así, por un momento, se siente que la existencia humana ha sido un éxito.

Dentro del contexto de esta visión positiva de la sexualidad, es oportuno plantear el tema en su integridad y con un sano realismo.

Porque no podemos ignorar que muchas veces la sexualidad se despersonaliza y también se llena de patologías, de tal modo que pasa a ser cada vez más ocasión e instrumento de afirmación del propio yo y de satisfacción egoísta de los propios deseos e instintos.

En esta época se vuelve muy riesgoso que la sexualidad también sea poseída por el espíritu venenoso del «usa y tira». El cuerpo del otro es con frecuencia manipulado, como una cosa que se retiene mientras brinda satisfacción y se desprecia cuando pierde atractivo.

¿Acaso se pueden ignorar o disimular las constantes formas de dominio, prepotencia, abuso, perversión y violencia sexual, que son producto de una desviación del significado de la sexualidad y que sepultan la dignidad de los demás y el llamado al amor debajo de una oscura búsqueda de sí mismo?

Amoris laetitia, nn. 152, 153

Si el amor se transforma en dominio

No está de más recordar que, aun dentro del matrimonio, la sexualidad puede convertirse en fuente de sufrimiento y de manipulación. Por eso tenemos que reafirmar con claridad que un acto conyugal impuesto al cónyuge sin considerar su situación actual y sus legítimos deseos, no es un verdadero acto de amor; y prescinde por tanto de una exigencia del recto orden moral en las relaciones entre los esposos.

Los actos propios de la unión sexual de los cónyuges responden a la naturaleza de la sexualidad querida por Dios si son vividos «de modo verdaderamente humano».

Por eso, san Pablo exhortaba: «Que nadie falte a su hermano ni se aproveche de él» (1 Ts 4, 6). Si bien él escribía en una época en que dominaba una cultura patriarcal, donde la mujer se consideraba un ser completamente subordinado al varón, sin embargo enseñó que la sexualidad debe ser una cuestión de conversación entre los cónyuges:

planteó la posibilidad de postergar las relaciones sexuales por un tiempo, pero «de común acuerdo» (1 Co 7, 5).

San Juan Pablo II hizo una advertencia muy sutil cuando dijo que el hombre y la mujer están «amenazados por la insaciabilidad». Es decir, están llamados a una unión cada vez más intensa, pero el riesgo está en pretender borrar las diferencias y esa distancia inevitable que hay entre los dos. Porque cada uno posee una dignidad propia e intransferible.

Cuando la preciosa pertenencia recíproca se convierte en un dominio, «cambia esencialmente la estructura de comunión en la relación interpersonal».

En la lógica del dominio, el dominador también termina negando su propia dignidad y en definitiva deja «de identificarse subjetivamente con el propio cuerpo» ya que le quita todo significado. Vive el sexo como evasión de sí mismo y como renuncia a la belleza de la unión.

Amoris laetitia, nn. 154, 155

Mensajes negativos para los jóvenes

Es difícil pensar la educación sexual en una época en que la sexualidad tiende a banalizarse y a empobrecerse. Sólo podría entenderse en el marco de una educación para el amor, para la donación mutua. De esa manera, el lenguaje de la sexualidad no se ve tristemente empobrecido, sino iluminado.

El impulso sexual puede ser cultivado en un camino de autoconocimiento y en el desarrollo de una capacidad de autodominio, que pueden ayudar a sacar a la luz capacidades preciosas de gozo y de encuentro amoroso.

La educación sexual brinda información, pero sin olvidar que los niños y los jóvenes no han alcanzado una madurez plena. La información debe llegar en el momento apropiado y de una manera adecuada a la etapa que viven. No sirve saturarlos de datos sin el desarrollo de un sentido crítico ante una invasión de propuestas, ante la pornografía descontrolada y la sobrecarga de estímulos que pueden mutilar la sexualidad.

Los jóvenes deben poder advertir que están bombardeados por mensajes que no buscan su bien y su maduración. Hace falta ayudarles a reconocer y a buscar las influencias positivas, al mismo tiempo que toman distancia de todo lo que desfigura su capacidad de amar.

Una educación sexual que cuide un sano pudor tiene un valor inmenso, aunque hoy algunos consideren que es una cuestión de otras épocas. Es una defensa natural de la persona que resguarda su interioridad y evita ser convertida en un puro objeto. Sin el pudor, podemos reducir el afecto y la sexualidad a obsesiones que nos concentran sólo en la genitalidad, en morbosidades que desfiguran nuestra capacidad de amar y en diversas formas de violencia sexual que nos llevan a ser tratados de modo inhumano o a dañar a otros.

Amoris laetitia, nn. 280-282

5

FAMILIAS Y FUTURO

*Nadie puede pensar que debilitar la familia como sociedad natural
basada en el matrimonio sea algo que beneficie a la sociedad.*

Twitter, 9 de abril de 2016

Proteger a la familia

Toda mamá y todo papá soñó a su hijo durante nueve meses. Soñar cómo será el hijo. No es posible una familia sin soñar. Cuando en una familia se pierde la capacidad de soñar los chicos no crecen, el amor no crece, la vida se debilita y se apaga.

Por eso les recomiendo que en la noche, cuando hacen el examen de conciencia, se hagan también estas preguntas: ¿Hoy soñé con el futuro de mis hijos? ¿Hoy soñé con el amor de mi esposo, de mi esposa? ¿Hoy soñé con mis padres, mis abuelos que llevaron la historia hasta mí?

Y también cuántas dificultades en la vida del matrimonio se solucionan si nos tomamos un espacio de sueño, si nos detenemos y pensamos en el cónyuge y soñamos con las bondades que tiene, las cosas buenas que tiene. Por eso es muy importante recuperar el amor a través de la ilusión de todos los días. ¡Nunca dejen de ser novios! A cada uno de ustedes y de nosotros —porque yo también

168

soy hijo de una familia— nos entregaron el plan de Dios para llevarlo adelante. El ángel del Señor le reveló a José los peligros que amenazaban a Jesús y María, obligándolos a huir a Egipto y luego a instalarse en Nazaret. Así también, en nuestro tiempo, Dios nos llama a reconocer los peligros que amenazan a nuestras familias para protegerlas de cualquier daño.

Estemos atentos a las nuevas colonizaciones ideológicas. Existen colonizaciones ideológicas que buscan destruir la familia. No nacen del sueño, de la oración, del encuentro con Dios, de la misión que Dios nos da. Vienen de afuera, por eso digo que son colonizaciones.

No perdamos la libertad de la misión que Dios nos da, la misión de la familia. Y así como nuestros pueblos en un momento de su historia llegaron a la madurez de decirle «no» a cualquier colonización política, como familia tenemos que ser muy, muy sagaces, muy hábiles, muy fuertes para decir «no» a cualquier intento de colonización ideológica sobre la familia.

Discurso, 16 de enero de 2015

Esperanza y futuro

Expreso todo mi aprecio por esta elección, y por haber asociado a la familia la idea de esperanza y de futuro. ¡Es precisamente así! Pero para la comunidad cristiana la familia es mucho más que un «tema»: es vida, es tejido cotidiano, es camino de generaciones que se transmiten la fe juntamente con el amor y con los valores morales fundamentales, es solidaridad concreta, fatiga, paciencia, y también proyecto, esperanza, futuro. Todo esto, que la comunidad cristiana vive a la luz de la fe, de la esperanza y de la caridad, nunca lo guarda para sí misma, sino que cada día se convierte en levadura en la masa de toda la sociedad, para su mayor bien común.

La familia es escuela privilegiada de generosidad, de compartir, de responsabilidad, escuela que educa a superar una cierta mentalidad individualista que se abrió camino en nuestras sociedades. Sostener y promover a las familias, valorando en ellas su papel fundamental y central, es trabajar por un desarrollo equitativo y solidario.

Mensaje, septiembre de 2013

Crisis cultural

La familia atraviesa una crisis cultural profunda, como todas las comunidades y vínculos sociales.

En el caso de la familia, la fragilidad de los vínculos se vuelve especialmente grave porque se trata de la célula básica de la sociedad, el lugar donde se aprende a convivir en la diferencia y a pertenecer a otros, y donde los padres transmiten la fe a sus hijos.

El matrimonio tiende a ser visto como una mera forma de gratificación afectiva que puede constituirse de cualquier manera y modificarse de acuerdo con la sensibilidad de cada uno. Pero el aporte indispensable del matrimonio a la sociedad supera el nivel de la emotividad y el de las necesidades circunstanciales de la pareja.

Como enseñan los Obispos franceses, no procede del sentimiento amoroso, efímero por definición, sino de la profundidad del compromiso asumido por los esposos que aceptan entrar en una unión de vida total.

Evangelii gaudium, n. 66

Unidad y diferencia

Como Iglesia ofrecemos una concepción de la familia, que es la del Libro del Génesis, de la unidad en la diferencia entre hombre y mujer, y de su fecundidad. En esta realidad, además, reconocemos un bien para todos, la primera sociedad natural, como se recogió también en la Constitución de la República italiana.

En definitiva, queremos reafirmar que la familia así entendida sigue siendo el primer y principal sujeto constructor de la sociedad y de una economía a la medida del hombre, y como tal merece ser eficazmente sostenida.

Las consecuencias, positivas o negativas, de las opciones de carácter cultural, sobre todo, y político referidas a la familia tocan los diversos ámbitos de la vida de una sociedad y de un país: desde el problema demográfico —que es grave para todo el continente europeo y de modo especial para Italia— a las demás cuestiones relativas al trabajo y a la economía en general, al crecimiento de los hijos, hasta aquellas que se refieren a la visión antropológica misma que está en la base de nuestra civilización .

Mensaje, septiembre de 2013

Permiso, gracias, perdona

«Permiso», «gracias», «perdón». En efecto, estas palabras abren camino para vivir bien en la familia, para vivir en paz. Son palabras sencillas, pero no tan sencillas de llevar a la práctica. Encierran una gran fuerza: la fuerza de custodiar la casa, incluso a través de miles de dificultades y pruebas; en cambio si faltan, poco a poco se abren grietas que pueden hasta hacer que se derrumbe.

La primera palabra es «permiso». Cuando nos preocupamos por pedir gentilmente incluso lo que tal vez pensamos poder pretender, ponemos un verdadero amparo al espíritu de convivencia matrimonial y familiar. Entrar en la vida del otro, incluso cuando forma parte de nuestra vida, pide la delicadeza de una actitud no invasora, que renueve la confianza y el respeto. La confianza, en definitiva, no autoriza a darlo todo por descontado.

La segunda palabra es «gracias». Algunas veces nos viene a la mente pensar que nos estamos convirtiendo en una civilización de malas maneras y malas palabras, como si fuese un signo de emancipación. Lo escuchamos decir muchas veces incluso públicamente. La amabilidad y la capacidad de dar gracias son vistas como un signo de debilidad, y a veces suscitan incluso desconfianza. Esta tendencia se debe contrarrestar en el seno mismo de la familia. Si la vida familiar descuida este estilo, también la vida social lo perderá.

La tercera palabra es «perdón». Palabra difícil, es verdad, sin embargo tan necesaria. Cuando falta, se abren pequeñas grietas —incluso sin quererlo— hasta convertirse en fosas profundas.

Reconocer el hecho de haber faltado, y mostrar el deseo de restituir lo que se ha quitado —respeto, sinceridad, amor— hace dignos del perdón. Y así se detiene la infección.

Si no somos capaces de disculparnos, quiere decir que tampoco somos capaces de perdonar. En la casa donde no se pide perdón comienza a faltar el aire, las aguas comienzan a verse estancadas. Muchas heridas de los afectos, muchas laceraciones en las familias comienzan con la pérdida de esta preciosa palabra.

Audiencia, 13 de mayo de 2015

El heroísmo de las familias

Ante la enfermedad, incluso en la familia surgen dificultades, a causa de la debilidad humana. Pero, en general, el tiempo de la enfermedad hace crecer la fuerza de los vínculos familiares. Y pienso cuán importante es educar a los hijos desde pequeños en la solidaridad en el momento de la enfermedad.

Una educación que deja de lado la sensibilidad por la enfermedad humana, aridece el corazón. Y hace que los jóvenes estén «anestesiados» respecto al sufrimiento de los demás, incapaces de confrontarse con el sufrimiento y vivir la experiencia del límite.

Cuántas veces vemos llegar al trabajo a un hombre, una mujer, con cara de cansancio, con una actitud cansada y al preguntarle: «¿Qué sucede?», responde: «He dormido sólo dos horas porque en casa hacemos turnos para estar cerca del niño, de la niña, del enfermo, del abuelo, de la abuela». Y la jornada continúa con el trabajo. Estas cosas son heroicas, son la heroicidad de las familias. Esas heroicidades ocultas que se hacen con ternura y con valentía cuando en casa hay alguien enfermo.

La debilidad y el sufrimiento de nuestros afectos más queridos y más sagrados, pueden ser, para nuestros hijos y nuestros nietos, una escuela de vida —es importante educar a los hijos, los nietos en la comprensión de esta cercanía en la enfermedad en la familia— y llegan a serlo cuando los momentos de la enfermedad van acompañados por la oración y la cercanía afectuosa y atenta de los familiares.

La comunidad cristiana sabe bien que a la familia, en la prueba de la enfermedad, no se la puede dejar sola. Y debemos decir gracias al Señor por las hermosas experiencias de fraternidad eclesial que ayudan a las familias a atravesar el difícil momento del dolor y del sufrimiento. Esta cercanía cristiana, de familia a familia, es un verdadero tesoro para una parroquia; un tesoro de sabiduría, que ayuda a las familias en los momentos difíciles y hace comprender el reino de Dios mejor que muchos discursos. Son caricias de Dios.

Audiencia, 10 de junio de 2015

Familia y matrimonio

La familia es el núcleo natural de la vida humana y de la sociedad. Estamos preocupados por la crisis de la familia en muchos países. Los ortodoxos y los católicos comparten la misma concepción sobre la familia, y están llamados a dar testimonio de ella como un camino de santidad, que manifiesta la fidelidad de los cónyuges en sus relaciones recíprocas, en su apertura a la procreación y a la educación de los hijos, en la solidaridad entre las generaciones y el respeto hacia los más débiles.

La familia se funda en el matrimonio, que es un acto de amor libre y fiel entre un hombre y una mujer. El amor sella su unión y les enseña a recibirse mutuamente como un don. El matrimonio es una escuela de amor y de fidelidad. Lamentamos que otras formas de convivencia hayan sido puestas al mismo nivel de esta unión, mientras que el concepto de paternidad y maternidad, como vocación particular del hombre y de la mujer en el matrimonio, santificado por la tradición bíblica, sea excluido de la conciencia pública.

Declaración conjunta del Papa Francisco y del Patriarca Kiril
de Moscú y de Toda la Rusia, 12 de febrero de 2016

6

UNIONES CIVILES Y LAICADO

El Papa no se inmiscuye en la política italiana.
Rueda de prensa, 17 de febrero de 2016

Pactos civiles de convivencia

Los Estados laicos quieren justificar las uniones civiles para regular muchas situaciones de convivencia, empujados por la exigencia de regular aspectos económicos entre las personas, como por ejemplo asegurar la asistencia sanitaria. Se trata de pactos de convivencia de varias naturalezas, de los que no sabría enumerar sus diversas formas. Hace falta ver los diferentes casos y valorarlos en su variedad.

Entrevista para Corriere della Sera, 5 de marzo de 2014

Discernimiento sapiencial de la Iglesia

En el camino sinodal sobre el tema de la familia, hemos podido realizar, en espíritu y estilo de efectiva colegialidad, un profundo discernimiento sapiencial, gracias al cual la Iglesia ha indicado al mundo —entre otras cosas— que no puede haber confusión entre la familia querida por Dios y cualquier otro tipo de unión.

Cuando la Iglesia, se propone declarar la verdad sobre el matrimonio en el caso concreto, para el bien de los fieles, al mismo tiempo tiene siempre presente que quienes, por libre elección o por infelices circunstancias de la vida, viven en un estado objetivo de error, siguen siendo objeto del amor misericordioso de Cristo y por lo tanto de la misma Iglesia.

La Iglesia, pues, con renovado sentido de responsabilidad sigue proponiendo el matrimonio, en sus elementos esenciales —hijos, bien de los cónyuges, unidad, indisolubilidad, sacramentalidad— no como un ideal para pocos, a pesar de los modernos modelos centrados en lo efímero y lo transitorio, sino como una realidad que, en la gracia de Cristo, puede ser vivida por todos los fieles bautizados.

Y por ello, con mayor razón, la urgencia pastoral, que abraza todas las estructuras de la Iglesia, impulsa a converger hacia un intento común ordenado a la preparación adecuada al matrimonio, en una especie de nuevo catecumenado tan deseado por algunos Padres Sinodales.

Discurso, 22 de enero de 2016

Derecho a la objeción de conciencia

Si una ley ha sido aprobada, el Estado tiene que respetar las conciencias. El derecho a la objeción de conciencia tiene que ser reconocido dentro de cada estructura jurídica, porque es un derecho humano. También para un funcionario público, que es una persona humana. El Estado también tiene que tomar en consideración las críticas.

Entrevista para La Croix, 16 de mayo de 2016

7

CONVIVENCIAS

A menudo los jóvenes prefieren una convivencia,
y muchas veces «a responsabilidad limitada».

Audiencia, 29 de abril de 2015

El rechazo del vínculo

En numerosos contextos, y no sólo occidentales, se está difundiendo ampliamente la praxis de la convivencia que precede al matrimonio, así como convivencias no orientadas a asumir la forma de un vínculo institucional. En varios países, la legislación facilita el avance de una multiplicidad de alternativas, de manera que un matrimonio con notas de exclusividad, indisolubilidad y apertura a la vida termina apareciendo como una oferta anticuada entre muchas otras.

Avanza en muchos países una deconstrucción jurídica de la familia que tiende a adoptar formas basadas casi exclusivamente en el paradigma de la autonomía de la voluntad.

Si bien es legítimo y justo que se rechacen viejas formas de familia «tradicional», caracterizadas por el autoritarismo e incluso por la violencia, esto no debería llevar al desprecio del matrimonio sino al redescubrimiento de su verdadero sentido y a su renovación. La fuerza de la familia reside en su capacidad de amar y enseñar a amar.

Por muy herida que pueda estar una familia, ésta puede crecer gracias al amor.

Amoris laetitia, n. 53

El miedo de los jóvenes

Aun a riesgo de simplificar, podríamos decir que existe una cultura tal que empuja a muchos jóvenes a no poder formar una familia porque están privados de oportunidades de futuro. Sin embargo, esa misma cultura concede a muchos otros, por el contrario, tantas oportunidades, que también ellos se ven disuadidos de formar una familia.

En algunos países, muchos jóvenes son llevados a posponer la boda por problemas de tipo económico, laboral o de estudio. A veces, por otras razones, como la influencia de las ideologías que desvalorizan el matrimonio y la familia, la experiencia del fracaso de otras parejas, el miedo hacia algo demasiado grande y sagrado, las oportunidades sociales y las ventajas económicas derivadas de la convivencia, una concepción puramente emocional y romántica del amor, el miedo de perder su libertad e independencia, el rechazo de todo lo que es concebido como institucional y burocrático.

Necesitamos encontrar las palabras, las motivaciones y los testimonios que nos ayuden a tocar las fibras más íntimas de los jóvenes, allí donde son más capaces de generosidad, de compromiso, de amor e incluso de heroísmo, para invitarles a aceptar con entusiasmo y valentía el desafío del matrimonio.

Amoris laetitia, n. 40

El deber del Pastor

Los Padres también han puesto la mirada en la situación particular de un matrimonio sólo civil o, salvadas las distancias, aun de una mera convivencia en la que, cuando la unión alcanza una estabilidad notable mediante un vínculo público, está connotada de afecto profundo, de responsabilidad por la prole, de capacidad de superar las pruebas, puede ser vista como una ocasión de acompañamiento en la evolución hacia el sacramento del matrimonio.

Por otra parte, es preocupante que muchos jóvenes hoy desconfíen del matrimonio y convivan, postergando indefinidamente el compromiso conyugal, mientras otros ponen fin al compromiso asumido y de inmediato instauran uno nuevo. Ellos que forman parte de la Iglesia, necesitan una atención pastoral misericordiosa y alentadora.

Porque a los pastores compete no sólo la promoción del matrimonio cristiano, sino también el discernimiento pastoral de las situaciones de tantas personas que ya no viven esta realidad, para entrar en diálogo pastoral con ellas a fin de poner de relieve los elementos de su vida que puedan llevar a una mayor apertura al Evangelio del matrimonio en su plenitud.

En el discernimiento pastoral conviene identificar elementos que favorezcan la evangelización y el crecimiento humano y espiritual.

Amoris laetitia, n. 293

El lujo del matrimonio

La elección del matrimonio civil o, en otros casos, de la simple convivencia, frecuentemente no está motivada por prejuicios o resistencias a la unión sacramental, sino por situaciones culturales o contingentes. En estas situaciones podrán ser valorados aquellos signos de amor que de algún modo reflejan el amor de Dios.

Sabemos que crece continuamente el número de quienes después de haber vivido juntos durante largo tiempo piden la celebración del matrimonio en la Iglesia. La simple convivencia a menudo se elige a causa de la mentalidad general contraria a las instituciones y a los compromisos definitivos, pero también porque se espera adquirir una mayor seguridad existencial (trabajo y salario fijo).

En otros países, las uniones de hecho son muy numerosas, no sólo por el rechazo de los valores de la familia y del matrimonio, sino por el hecho de que casarse se considera un lujo, por las condiciones sociales, de modo que la miseria material impulsa a vivir uniones de hecho.

Pero es preciso afrontar todas estas situaciones de manera constructiva, tratando de transformarlas en oportunidad de camino hacia la plenitud del matrimonio y de la familia a la luz del Evangelio. Se trata de acogerlas y acompañarlas con paciencia y delicadeza.

Es lo que hizo Jesús con la samaritana (cf. Jn 4, 1-26): dirigió una palabra a su deseo de amor verdadero, para liberarla de todo lo que oscurecía su vida y conducirla a la alegría plena del Evangelio.

Amoris laetitia, n. 294

Familias y convivencias

No pocas veces, la misma familia es objeto de descarte, a causa de una cada vez más extendida cultura individualista y egoísta que anula los vínculos y tiende a favorecer el dramático fenómeno de la disminución de la natalidad, así como de leyes que privilegian diversas formas de convivencia en lugar de sostener adecuadamente a la familia por el bien de toda la sociedad.

Una de las causas de estos fenómenos es esa globalización uniformante que descarta incluso a las culturas, acabando así con los factores propios de la identidad de cada pueblo que constituyen la herencia imprescindible para un sano desarrollo social. En un mundo uniformado y carente de identidad, es fácil percibir el drama y la frustración de tantas personas, que han perdido literalmente el sentido de la vida. Este drama se ve agravado por la persistente crisis económica, que provoca desconfianza y favorece la conflictividad social.

Discurso, 12 de enero de 2015

8

MATRIMONIO

El matrimonio es entre hombre y mujer.
Entrevista para Corriere della Sera, 5 de marzo de 2014

Preparación al matrimonio

Una de las preocupaciones es la preparación al matrimonio. Para ser cura, es necesario estudiar por 8 años y luego, después de un cierto tiempo, si no puedes más, pides la dispensa y te vas; y todo queda arreglado. Pero, para un sacramento que dura toda la vida, tres-cuatro clases...

La preparación al matrimonio es muy, muy importante, porque creo que es algo que la Iglesia, en la pastoral común —al menos en mi país en Sudamérica— no ha valorizado mucho.

Por ejemplo, ahora no mucho, pero hace algunos años, había en mi país la costumbre del llamado «casamiento de apuro», casamientos hechos con prisa porque viene un niño y para tapar socialmente el honor de la familia... Ahí no eran libres. Y muchas veces estos matrimonios son nulos. Y yo, como obispo, he prohibido hacer esto a los sacerdotes cuando existía esto... que nazca el niño, que permanezcan como novios y, cuando se sientan capaces para hacerlo para toda la vida, que vayan adelante. Pero existe una deficiencia en la preparación del matrimonio. Otro tema muy interesante es la educación de los hijos. Las víctimas de los problemas familiares son los hijos, pero también son víctimas de los problemas de la familia que ni el marido ni la mujer quieren. Por ejemplo, la necesidad de un trabajo.

Rueda de prensa durante el vuelo de regreso desde México,
17 de febrero de 2016

Los jóvenes y el matrimonio

Las personas que se casan son cada vez menos; esto es un hecho: los jóvenes no quieren casarse. En muchos países, en cambio, aumenta el número de las separaciones, mientras que el número de los hijos disminuye. La dificultad de permanecer juntos —ya sea como pareja, como familia— lleva a romper los vínculos siempre con mayor frecuencia y rapidez, y precisamente los hijos son los primeros en sufrir sus consecuencias. Pero pensemos que las primeras víctimas, las víctimas más importantes, las víctimas que sufren más en una separación son los hijos. Si experimentas desde pequeño que el matrimonio es un vínculo «por un tiempo determinado», inconscientemente para ti será así.

En efecto, muchos jóvenes tienden a renunciar al proyecto mismo de un vínculo irrevocable y de una familia duradera. Creo que tenemos que reflexionar con gran seriedad sobre el porqué muchos jóvenes «no se sienten capaces» de casarse. Existe esta cultura de lo provisional... todo es provisional, parece que no hay algo definitivo.

Una de las preocupaciones que surgen hoy en día es la de los jóvenes que no quieren casarse: ¿Por qué los jóvenes no se casan?; ¿por qué no confían en la familia?

En realidad, casi todos los hombres y mujeres quisieran una seguridad afectiva estable, un matrimonio sólido y una familia feliz. La familia ocupa el primer lugar en todos los índices de aceptación entre los jóvenes; pero, por miedo a equivocarse, muchos no quieren tampoco pensar en ello; incluso siendo cristianos, no piensan en el matrimonio sacramental, signo único e irrepetible de la alianza, que se convierte en testimonio de la fe. Quizá, precisamente este miedo de fracasar es el obstáculo más grande para acoger la Palabra de Cristo, que promete su gracia a la unión conyugal y a la familia.

Audiencia, 29 de abril de 2015

El «divorcio católico»

Los Padres sinodales pidieron agilizar los procesos de nulidad matrimoniales. Y aquí me detengo.

Este documento, este *Motu proprio*, facilita los procesos en cuanto al tiempo, pero no se trata de un divorcio, porque el matrimonio es indisoluble cuando es sacramento, y esto la Iglesia no, no lo puede cambiar. Es doctrina. El matrimonio es un sacramento indisoluble.

El procedimiento legal sirve para probar que aquello que parecía un sacramento no había sido un sacramento: por falta de libertad, por ejemplo, o por falta de madurez, o por enfermedad mental...

Son tantos los motivos que llevan, después de un estudio, de una investigación, a decir: «No, allí no ha habido sacramento, por ejemplo, porque aquella persona no era libre».

Un ejemplo: ahora no es muy común, pero en ciertos sectores de la sociedad sí es común, los matrimonios cuando la novia quedaba encinta. Nosotros lo llamamos «matrimonio de prisa», sólo para salvar todas las apariencias. Nace el niño y a algunas parejas les va bien, pero no hay libertad. Luego, les va mal, se separan... y dicen «yo fui obligado a casarme porque tenía que reparar esa situación»: ésta sería una causa de nulidad. Las causas de nulidad son muchas, las pueden encontrar en internet, ahí están todas.

Luego, el problema de las segundas nupcias, de divorciados que contraen una nueva unión.

Lean lo que tienen en el *Instrumentum laboris*, lo que se pone en discusión. A mí me parece un poco simplista decir que el Sínodo..., que la solución para esa gente es que puedan recibir la comunión. Ésta no es la única solución, no. Lo que el *Instrumentum laboris* propone es mucho más. El problema de las nuevas uniones de los divorciados no es el único problema.

El «divorcio católico» no existe. O nunca hubo matrimonio —y esto es la nulidad, porque no existió— o si existió, es indisoluble. Esto queda claro.

Rueda de prensa durante el vuelo de regreso
desde Estados Unidos de América,
27 de septiembre de 2015

El valor del Sacramento

El sacramento del matrimonio nos conduce al corazón del diseño de Dios, que es un diseño de alianza con su pueblo, con todos nosotros, un diseño de comunión.

La imagen de Dios es la pareja matrimonial: el hombre y la mujer; no sólo el hombre, no sólo la mujer, sino los dos. Ésta es la imagen de Dios: el amor, la alianza de Dios con nosotros está representada en esa alianza entre el hombre y la mujer. Y esto es hermoso.

Somos creados para amar, como reflejo de Dios y de su amor. Y en la unión conyugal el hombre y la mujer realizan esta vocación en el signo de la reciprocidad y de la comunión de vida plena y definitiva.

Cuando un hombre y una mujer celebran el sacramento del matrimonio, Dios, por decirlo así, se «refleja» en ellos, imprime en ellos los propios rasgos y el carácter indeleble de su amor. El matrimonio es la imagen del amor de Dios por nosotros.

Y es precisamente éste el misterio del matrimonio: Dios hace de los dos esposos una sola existencia. La Biblia usa una expresión fuerte y dice «una sola carne», tan íntima es la unión entre el hombre y la mujer en el matrimonio.

Sabemos bien cuántas dificultades y pruebas tiene la vida de dos esposos... Es verdad que en la vida matrimonial hay muchas dificultades, muchas; que el trabajo, que el dinero no es suficiente, que los niños tienen problemas. Muchas dificultades. Y muchas veces el marido y la mujer llegan a estar un poco nerviosos y riñen entre ellos. Pelean, es así, siempre se pelea en el matrimonio, algunas veces vuelan los platos. Pero no debemos ponernos tristes por esto, la condición humana es así.

Y el secreto es que el amor es más fuerte que el momento en que se riñe, por ello aconsejo siempre a los esposos: no terminar la jornada en la que habéis peleado sin hacer las paces. ¡Siempre! Y para hacer las paces no es necesario llamar a las Naciones Unidas a que vengan a casa a hacer las paces. Es suficiente un pequeño gesto, una caricia, y adiós. Y ¡hasta mañana! Y mañana se comienza otra vez. Ésta es la vida, llevarla adelante así, llevarla adelante con el valor de querer vivirla juntos. Y esto es grande, es hermoso.

Audiencia, 2 de abril de 2014

La vocación al matrimonio

El sacramento del matrimonio es un gran acto de fe y de amor: testimonia la valentía de creer en la belleza del acto creador de Dios y de vivir ese amor que impulsa a ir cada vez más allá, más allá de sí mismo y también más allá de la familia misma. La vocación cristiana a amar sin reservas y sin medida es lo que, con la gracia de Cristo, está en la base también del libre consentimiento que constituye el matrimonio.

La Iglesia misma está plenamente implicada en la historia de cada matrimonio cristiano: se edifica con sus logros y sufre con sus fracasos.

Pero tenemos que preguntarnos con seriedad: ¿aceptamos hasta las últimas consecuencias, nosotros mismos, como creyentes y como pastores también, este vínculo indisoluble de la historia de Cristo y de la Iglesia con la historia del matrimonio y de la familia humana? ¿Estamos dispuestos a asumir seriamente esta responsabilidad, es decir, que cada matrimonio va por el camino del amor que Cristo tiene con la Iglesia? ¡Esto es muy grande!

En esta profundidad del misterio creatural, reconocido y restablecido en su pureza, se abre un segundo gran horizonte que caracteriza el sacramento del matrimonio. La decisión de «casarse en el Señor» contiene también una dimensión misionera, que significa tener en el corazón la disponibilidad a ser intermediario de la bendición de Dios y de la gracia del Señor para todos. En efecto, los esposos cristianos participan como esposos en la misión de la Iglesia. ¡Se necesita valentía para esto! Por ello cuando saludo a los recién casados, digo: «¡Aquí están los valientes!», porque se necesita valor para amarse como Cristo ama a la Iglesia.

Audiencia, 6 de mayo de 2015

La crisis del matrimonio

En nuestra época el matrimonio y la familia están en crisis. Vivimos en una cultura de lo provisional, en la que cada vez más personas renuncian al matrimonio como compromiso público.

Esta revolución en las costumbres y en la moral ha ondeado con frecuencia la «bandera de la libertad», pero en realidad ha traído devastación espiritual y material a innumerables seres humanos, especialmente a los más vulnerables.

Es cada vez más evidente que la decadencia de la cultura del matrimonio está asociada a un aumento de pobreza y a una serie de numerosos otros problemas sociales que azotan de forma desproporcionada a las mujeres, los niños y los ancianos. Y son siempre ellos quienes sufren más en esta crisis.

La crisis de la familia dio origen a una crisis de ecología humana, porque los ambientes sociales, como los ambientes naturales, necesitan ser protegidos.

Incluso si la humanidad ahora ha comprendido la necesidad de afrontar lo que constituye una amenaza para nuestros ambientes naturales, somos lentos —somos lentos en nuestra cultura, también en nuestra cultura católica—, somos lentos en reconocer que también nuestros ambientes sociales están en peligro. Es indispensable, por lo tanto, promover una nueva ecología humana y hacerla ir hacia adelante.

Discurso, 17 de noviembre de 2014

9

GENDER

*La enseñanza de la teoría del «gender» es algo que está
atomizando la familia.*

Entrevista, 13 de marzo de 2015

Colonización ideológica

La colonización ideológica: pondré sólo un ejemplo, que
yo mismo presencié. Hace veinte años, en 1995, una señora Ministra de Educación había pedido un importante
préstamo para poder construir escuelas para pobres. Le
concedieron el préstamo con la condición de que en las escuelas los niños, a partir de un cierto grado, tuvieran un
determinado libro. Era un libro escolar, un libro bien pre-
parado didácticamente, en el que se enseñaba la ideología
de género.

Esta señora necesitaba el dinero del préstamo, pero ésa
era la condición. Fue inteligente y dijo que sí; luego mandó
hacer otro libro y dio los dos, y así lo consiguió.

Eso es la colonización ideológica: entrar en un pueblo
con una idea que no tiene nada que ver con él; con grupos
del pueblo sí, pero no con el pueblo, y así colonizar un pueblo con una idea que cambia o pretende cambiar su mentalidad o su estructura.

Hablo sólo de este caso que he conocido. ¿Por qué digo "colonización ideológica"? Porque aprovechan las necesidades de un pueblo o sus niños para entrar y hacerse fuertes. Pero esto no es nuevo. Lo mismo hicieron las dictaduras del siglo pasado. Llegaron con su doctrina. Recuerden a los "Balilla", a la Juventud Hitleriana... Colonizaron al pueblo, lo querían colonizar. Pero ¡cuánto dolor!

Los pueblos no pueden perder la libertad. El pueblo tiene su cultura, su historia; cada pueblo tiene su cultura. Cuando los imperios colonizadores imponen sus condiciones, pretenden que los pueblos pierdan su identidad y que se cree uniformidad. Ésa es la globalización de la esfera: todos los puntos son equidistantes del centro. Pero la verdadera globalización no es la esfera. Es importante globalizar, pero no como la esfera, sino como el poliedro, es decir, que cada pueblo, cada parte, conserve su identidad, su ser, sin ser colonizado ideológicamente.

Rueda de prensa durante el vuelo de regreso desde Filipinas,
19 de enero de 2015

La teoría del «gender»

La diferencia sexual está presente en muchas formas de vida, en la larga serie de seres vivos. Pero sólo en el hombre y en la mujer esa diferencia lleva en sí la imagen y la semejanza de Dios. Esto nos dice que no sólo el hombre en su individualidad es imagen de Dios, no sólo la mujer en su individualidad es imagen de Dios, sino también el hombre y la mujer, como pareja, son imagen de Dios. La diferencia entre hombre y mujer no es para la contraposición, o subordinación, sino para la comunión y la generación, siempre a imagen y semejanza de Dios.

La experiencia nos lo enseña: para conocerse bien y crecer armónicamente el ser humano necesita de la reciprocidad entre hombre y mujer. Cuando esto no se da, se ven las consecuencias. Estamos hechos para escucharnos y ayudarnos mutuamente. Podemos decir que sin el enriquecimiento recíproco en esta relación —en el pensamiento y en la acción, en los afectos y en el trabajo, incluso en la fe— los dos no pueden ni siquiera comprender en profundidad lo que significa ser hombre y mujer.

La cultura moderna y contemporánea ha abierto nuevos espacios, nuevas libertades y nuevas profundidades para el enriquecimiento de la comprensión de esta diferencia. Pero ha introducido también muchas dudas y mucho escepticismo.

Por ejemplo, yo me pregunto si la así llamada teoría del *gender* no sea también expresión de una frustración y de una resignación, orientada a cancelar la diferencia sexual porque ya no sabe confrontarse con la misma. Sí, corremos el riesgo de dar un paso hacia atrás. La remoción de la diferencia, en efecto, es el problema, no la solución.

Para resolver sus problemas de relación, el hombre y la mujer deben en cambio hablar más entre ellos, escucharse más, conocerse más, quererse más. Deben tratarse con respeto y cooperar con amistad. Con estas bases humanas, sostenidas por la gracia de Dios, es posible proyectar la unión matrimonial y familiar para toda la vida.

Audiencia, 15 de abril de 2015

193

Manipulaciones genéticas

Quien «manipula» el propio cuerpo es comparable a Herodes que destruye, que trama dibujos de muerte que desfigura el aspecto de un hombre y una mujer, destruye la creación.

Pensamos en las armas atómicas, en la posibilidad de destruir en pocos instantes un número muy alto de seres humanos. También pensamos en las manipulaciones genéticas, en la manipulación de la vida o en la teoría del *gender*, que no reconocen el orden de la creación.

Papa Francisco, Esta economía mata, 2015

Aquel error de la mente humana

La familia está en crisis: esto, no es una novedad. Los jóvenes no quieren casarse, prefieren convivir, sin compromisos; luego, si viene un hijo se casarán obligados. Hoy no está de moda casarse. Muchas veces en los matrimonios por la Iglesia pregunto: «Tú que vienes a casarte, ¿lo haces porque de verdad quieres recibir el Sacramento, o vienes porque socialmente se debe hacer así?».

La crisis de la familia es una realidad social. Luego están las colonizaciones ideológicas sobre las familias, modalidad y propuestas que existen en Europa y vienen incluso de más allá del océano.

Luego ese error de la mente humana que es la teoría del *gender*, que crea tanta confusión. Así la familia se ve atacada. ¿Qué se puede hacer con la secularización en acción? ¿Cómo proceder con estas colonizaciones ideológicas?

¿Qué se puede hacer con una cultura que no considera a la familia, donde se prefiere no casarse? Yo no tengo la receta. La Iglesia es consciente de esto y el Señor ha inspirado convocar el Sínodo sobre la familia, sobre tantos problemas.

Discurso, 21 de marzo 2015

Aceptar el propio cuerpo

La educación sexual debería incluir también el respeto y la valoración de la diferencia, que muestra a cada uno la posibilidad de superar el encierro en los propios límites para abrirse a la aceptación del otro.

Más allá de las comprensibles dificultades que cada uno pueda vivir, hay que ayudar a aceptar el propio cuerpo tal como ha sido creado, porque una lógica de dominio sobre el propio cuerpo se transforma en una lógica a veces sutil de dominio sobre la creación.

También la valoración del propio cuerpo es necesaria para reconocerse a sí mismo en el encuentro con el diferente. De este modo es posible aceptar gozosamente el don específico del otro, obra del Dios creador, y enriquecerse recíprocamente. Sólo perdiéndole el miedo a la diferencia, uno puede terminar de liberarse de la inmanencia del propio ser y del embeleso por sí mismo.

La educación sexual debe ayudar a aceptar el propio cuerpo, de manera que la persona no pretenda cancelar la diferencia sexual porque ya no sabe confrontarse con la misma.

Amoris laetitia, n. 285.

10

MARXISMO

Nunca he compartido la ideología marxista, porque no es verdadera, pero he conocido a muchas buenas personas que creían en el marxismo.

Entrevista, 5 de marzo de 2014

El corazón del evangelio

El amor para los pobres y las personas heridas es el corazón del Evangelio. Soy creyente, creo en Dios, creo en Jesucristo y en su Evangelio, y el corazón del Evangelio es el anuncio a los pobres. Cuando lees las Bienaventuranzas, por ejemplo, o lees Mateo 25, ves allí cómo Jesús es claro en esto. Éste es el corazón del Evangelio. Y Jesús dice de sí mismo: «He venido a anunciar a los pobres la liberación, la salvación, la gracia de Dios...». A los pobres. Los que tienen necesidad de salvación, los que tienen necesidad de ser acogidos en la sociedad.

Si lees el Evangelio, también ves que Jesús tenía cierta preferencia por los marginados: los leprosos, las viudas, los niños huérfanos, los ciegos..., las personas marginadas. ¡Y también los grandes pecadores..., y éste es mi consuelo! ¡Sí, porque él ni siquiera se asusta del pecado! ¡Cuando encontró a una persona como Zaqueo, que era un ladrón, o como Mateo, que era un traidor a la patria por dinero, no se asustó! Los miró y los eligió. También ésta es una pobreza: la pobreza del pecado. Para mí, el corazón del Evangelio es de los pobres. Hace dos meses oí que una persona dijo: «Este Papa es comunista». ¡No! Ésta es una bandera del Evangelio, no del comunismo, ¡del Evangelio! Pero la pobreza sin ideología, la pobreza... Por eso creo que los pobres están en el centro del anuncio de Jesús. Basta leerlo.

El problema es que algunas veces, en la historia, esta actitud con los pobres se ideologizó. No, no es así: la ideología es otra cosa. Es así en el Evangelio, es simple, muy simple. También en el Antiguo Testamento se ve esto. Por eso yo los pongo siempre en el centro, siempre.

Entrevista, 31 de marzo de 2014

Banderas

Yo sólo digo que los comunistas nos han robado la bandera. La bandera de los pobres es cristiana. La pobreza está en el centro del Evangelio. Los pobres están en el centro del Evangelio. Tomemos Mateo 25, el protocolo sobre el que seremos juzgados: tuve hambre, tuve sed, estuve en la cárcel, estaba enfermo, desnudo. O miremos a las Bienaventuranzas, otra bandera.

Los comunistas dicen que todo esto es comunista. Sí, cómo no, veinte siglos después. Así que cuando hablan, se les podría decir: pero ustedes son cristianos.

Entrevista para Il Messaggero, 29 de junio de 2014

Atención a los pobres

Si repitiera algunas piezas de las homilías de los primeros Padres de la Iglesia, de los siglos II o III, sobre cómo tenemos que tratar a los pobres, alguien me acusaría de que mi homilía es marxista. «No es de tu riqueza que haces regalo al pobre; sólo le devuelves lo que le pertenece. Ya que lo que es dado en común para la utilización de todos, es lo que tú te apropias. La tierra es dada a todos, y no sólo a los ricos». Son palabras de san Ambrosio de Milán, que le sirven al Papa Pablo VI para afirmar, en el *Populorum progressio*, que la propiedad privada no constituye para alguien un derecho incondicional y absoluto y que nadie está autorizado a reservar para su uso exclusivo lo que supera su necesidad, cuando los demás requieren de lo necesario.

San Juan Crisóstomo afirmó: «No compartir los propios bienes con los pobres significa robarles y privarles de la vida. Los bienes que poseemos no son nuestros sino que son de ellos».

Como se puede ver, esta atención para los pobres está en el Evangelio, y está en la tradición de la Iglesia, no es una invención del comunismo.

La Iglesia, cuando invita a vencer la que he llamado la «globalización de la indiferencia», está lejana de cualquier interés político y de cualquiera ideología: únicamente movida por las palabras de Jesús quiere ofrecer su contribución a la construcción de un mundo donde se custodie el uno al otro y se procure el uno al otro.

Entrevista para La Stampa, octubre de 2014

Tierra, casa y trabajo

Este encuentro nuestro responde a un anhelo muy concreto, algo que cualquier padre, cualquier madre quiere para sus hijos; un anhelo que debería estar al alcance de todos, pero hoy vemos con tristeza cada vez más lejos de la mayoría: tierra, techo y trabajo. Es extraño, pero si hablo de esto para algunos resulta que el Papa es comunista.

No se entiende que el amor a los pobres está en el centro del Evangelio. Tierra, techo y trabajo, eso por lo que ustedes luchan, son derechos sagrados. Reclamar esto no es nada raro, es la doctrina social de la Iglesia.

En el centro de todo sistema social o económico tiene que estar la persona, imagen de Dios, creada para que fuera el dominador del universo. Cuando la persona es desplazada y viene el dios dinero sucede esta translocación de valores.

No existe peor pobreza material, que la que no permite ganarse el pan y priva de la dignidad del trabajo. El desempleo juvenil, la informalidad y la falta de derechos laborales no son inevitables, son resultado de una previa opción social, de un sistema económico que pone los beneficios por encima del hombre, si el beneficio es económico, sobre la humanidad o sobre el hombre, son efectos de una cultura del descarte que considera al ser humano en sí mismo como un bien de consumo, que se puede usar y luego tirar.

Hoy, al fenómeno de la explotación y de la opresión se le suma una nueva dimensión, un matiz gráfico y duro de la injusticia social; los que no se pueden integrar, los excluidos son desechos, «sobrantes».

Discurso, 28 de octubre de 2014

Zapatos rojos

Un amigo cardenal me ha contado que una señora, muy preocupada, muy católica, un poco rígida la señora, pero buena, buena, católica, fue a preguntarle si era verdad que en la Biblia se habla de un anticristo. Y él le explicó: «Está también en el Apocalipsis, ¿no?» Y siguió preguntando si era verdad que se habla de un antipapa...

«Pero ¿por qué me pregunta eso?», dijo el cardenal. «Porque yo estoy segura de que el Papa Francisco es el antipapa». «Y por qué —preguntó él—, por qué tiene esa idea?». «Eh, porque no usa los zapatos rojos».

Es así, histórico... Los motivos para pensar si uno es comunista o no es comunista... Yo estoy seguro de que no he dicho una palabra más de lo que está en la Doctrina social de la Iglesia. En el otro vuelo de regreso del viaje a América Latina, una colega suya me dijo, a propósito de cuando fui a hablar a los movimientos populares, dijo: «Usted ha tendido la mano a este movimiento popular, pero la Iglesia, ¿le seguirá?» Y yo le dije: «Soy yo quien sigue a la Iglesia», y en esto creo que no me equivoco, creo que no he dicho nada que no esté en la Doctrina social de la Iglesia.

Las cosas se pueden explicar. Tal vez una explicación ha dado la impresión de ser un poco más «izquierdosa», pero sería un error de explicación. No. Mi doctrina sobre todo esto, sobre la *Laudato si'*, sobre el imperialismo económico y todo eso, es la de la Doctrina social de la Iglesia. Y si es necesario que yo recite el Credo, estoy dispuesto a hacerlo.

Conferencia de prensa durante el vuelo de Cuba hacia Washington,

22 de septiembre de 2015

11

ECUMENISMO Y OTRAS RELIGIONES

Éste es el ecumenismo espiritual: rezar juntos, trabajar juntos.

Rueda de prensa durante el vuelo de regreso desde Turquía,
30 de noviembre de 2014

El patriarca Bartolomé

Con Bartolomé hemos hablado de la unidad: pero la unidad se construye a lo largo del camino, la unidad es un camino.

Nunca podremos hacer la unidad en un congreso de teología. Y me ha dicho que es verdad lo que yo había oído, que Atenagoras dijo a Pablo VI: «Vayamos juntos, tranquilos, y a todos los teólogos los metemos en una isla, que discutan entre ellos, y nosotros caminemos en la vida». Me lo ha dicho en estos días Bartolomé.

Caminar juntos, rezar juntos, colaborar en tantas cosas que podemos hacer juntos, ayudarnos mutuamente. Por ejemplo, con las Iglesias. En Roma, y en muchas ciudades, muchos ortodoxos usan iglesias católicas en un horario concreto, como una ayuda para este ir juntos.

Otra cosa de la que hemos hablado, que quizá en el Consejo panortodoxo se haga algo, es la fecha de la Pascua, porque es un poco ridículo: «Dime, ¿tu Cristo cuándo resucita?». «La próxima semana». «El mío resucitó la pasada».

Sí, la fecha de Pascua es un signo de unidad. Y con Bartolomé hemos hablado como hermanos. Nos queremos, compartimos las dificultades en nuestro gobierno. Y una cosa de la que hemos hablado mucho es del problema de la ecología: él está muy preocupado, y yo también; hemos hablado mucho de colaborar en este problema.

Rueda de prensa durante el vuelo de regreso de Tierra Santa,
26 de mayo de 2014

Diálogo con el Islam

En esta época adquiere gran importancia la relación con los creyentes del Islam, hoy particularmente presentes en muchos países de tradición cristiana donde pueden celebrar libremente su culto y vivir integrados en la sociedad.

Nunca hay que olvidar que ellos, confesando adherirse a la fe de Abraham, adoran con nosotros a un Dios único, misericordioso, que juzgará a los hombres en el día final. Los escritos sagrados del Islam conservan parte de las enseñanzas cristianas; Jesucristo y María son objeto de profunda veneración, y es admirable ver cómo jóvenes y ancianos, mujeres y varones del Islam son capaces de dedicar tiempo diariamente a la oración y de participar fielmente de sus ritos religiosos. Al mismo tiempo, muchos de ellos tienen una profunda convicción de que la propia vida, en su totalidad, es de Dios y para Él. También reconocen la necesidad de responderle con un compromiso ético y con la misericordia hacia los más pobres.

Evangelii gaudium, n. 252

Ecumenismo de la sangre

En estos primeros nueve meses he recibido las visitas de muchos hermanos ortodoxos, Bartolomé, Hilarión, el teólogo Zizioulas, el copto Tawadros; este último es un místico, entraba a la capilla, se quitaba los zapatos e iba a rezar. Me sentí su hermano. Tienen la sucesión apostólica, los recibí como hermanos obispos. Es un dolor no poder celebrar juntos todavía la eucaristía, pero la amistad existe.

Creo que el camino es éste: la amistad, el trabajo en común y rezar por la unidad. Nos bendijimos los unos a los otros; un hermano bendice al otro, un hermano se llama Pedro y el otro se llama Andrés, Marco, Tomás...

Para mí el ecumenismo es prioritario. Hoy existe el ecumenismo de la sangre. En algunos países matan a los cristianos porque llevan consigo una cruz o tienen una Biblia; y antes de matarlos no les preguntan si son anglicanos, luteranos, católicos u ortodoxos. La sangre está mezclada. Para los que matan somos cristianos. Unidos en la sangre, aunque entre nosotros no hayamos logrado dar los pasos necesarios hacia la unidad, y tal vez no sea todavía el tiempo.

La unidad es una gracia que hay que pedir.

Conocí en Hamburgo a un párroco que seguía la causa de beatificación de un sacerdote católico que fue guillotinado por los nazis porque enseñaba el catecismo a los niños. Después de él, en la fila de los condenados, había un pastor luterano y lo mataron por el mismo motivo. Su sangre está mezclada. Ese párroco me contó que había ido a ver al obispo y le había dicho: «Sigo con la causa, pero de los dos, no sólo del católico». Éste es el ecumenismo de la sangre. Todavía existe hoy, basta leer los periódicos. Los que matan a los cristianos no te piden el documento de identidad para saber en cuál Iglesia fuiste bautizado. Tenemos que tomar en cuenta esta realidad.

Entrevista para La Stampa, 16 de diciembre de 2013

La puerta de la oración

La oración por la paz organizada en el Vaticano no ha sido un fracaso en absoluto. En primer lugar, la iniciativa no surgió de mí: la iniciativa de rezar juntos partió de los dos Presidentes, del Presidente del Estado de Israel y del Presidente del Estado de Palestina. Me hicieron llegar este deseo. Además, queríamos hacerla allí, en Tierra Santa, pero no se veía el lugar adecuado, porque el precio político para uno o para el otro era muy alto si iba a la otra parte. Y me dijeron: «Lo hacemos en el Vaticano, y vamos nosotros».

Estos dos hombres son hombres de paz, son hombres que creen en Dios, y han vivido tantas cosas terribles, tantas cosas terribles, que están convencidos de que el único camino para resolver esta situación es la negociación, el diálogo y la paz. En cuanto a su pregunta: ¿ha sido un fracaso? No, creo que la puerta está abierta. Los cuatro, como representantes, y he querido que participase Bartolomé como jefe de la Ortodoxia, Patriarca ecuménico de la Ortodoxia, como Patriarca ecuménico, era conveniente que estuviese con nosotros.

Y se ha abierto la puerta de la oración. Y dijimos: «Hay que rezar».

Es un don, la paz es un don, un don que se alcanza con nuestro trabajo, pero un don. Y decir a la humanidad que, junto al camino de la negociación, del diálogo —que son importantes—, está también el de la oración. Justo. Después ha sucedido lo que ha sucedido. Pero esto es coyuntural. Ese encuentro, en cambio, no era coyuntural: es un paso fundamental de actitud humana: la oración.

Ahora el humo de las bombas y de las guerras no deja ver la puerta, pero la puerta ha quedado abierta desde aquel momento. Y como creo en Dios, creo que el Señor mira esa puerta, y mira a cuantos rezan y le piden que Él nos ayude.

Rueda de prensa durante el vuelo de regreso de Corea, 18 de agosto de 2014

En la mezquita

He ido a Turquía como peregrino, no como turista. Y he ido precisamente con el motivo principal de la fiesta de hoy: he ido para compartirla con el Patriarca Bartolomé, un motivo religioso. Luego, cuando fui a la mezquita, no podía decir: «No, ahora soy un turista». No, todo era religioso. Y vi aquella maravilla. El muftí me explicaba bien las cosas, con tanta dulzura, y también con el Corán, donde se habla de María y Juan el Bautista, me explicaba todo... En aquel momento sentí la necesidad de orar. Y le dije: «¿Rezamos un poco?». «Sí, sí», dijo él. Y oré por Turquía, por la paz, por el muftí... por todos..., por mí, que lo necesito... Recé de verdad. Y recé sobre todo por la paz. Dije: «Señor, terminemos con la guerra». Así, fue un momento de oración sincera.

Rueda de prensa durante el vuelo de regreso de Turquía,
30 de noviembre de 2014

La primera experiencia de ecumenismo

Cuando era niño, hace 70 años, todos los protestantes iban al infierno, todos. Eso nos decían.

Recuerdo la primera experiencia de ecumenismo que tuve. Tenía cuatro o cinco años —pero me acuerdo, lo puedo ver todavía—, e iba por la calle con mi abuela, que me llevaba de la mano. Por la otra acera venían dos señoras del Ejército de Salvación, con ese sombrero que llevaban antes, con lazos, o algo por el estilo —ahora ya no lo llevan—. Pregunté a mi abuela: «Abuela, ¿son monjas?». Y me dijo: «No, son protestantes, pero son buenas». Fue la primera vez que oí hablar bien de una persona de otra religión, de un protestante.

Entonces, en la catequesis, nos decían que todos iban al infierno. Pero me parece que la Iglesia ha crecido mucho en la conciencia del respeto —como les dije en el Encuentro interreligioso, en Colombo—, en los valores.

Cuando leemos lo que dice el Concilio Vaticano II sobre los valores en las otras religiones —el respeto—, ha crecido mucho la Iglesia en esto.

Y sí, ha habido tiempos oscuros en la historia de la Iglesia, tenemos que decirlo, sin vergüenza, porque también nosotros nos encontramos en un camino de conversión continua: del pecado a la gracia siempre. Y esta interreligiosidad como hermanos, respetándose siempre, es una gracia.

Rueda de prensa durante el vuelo hacia Manila,

15 de enero de 2015

La búsqueda de la unidad

Lamentablemente vemos que en el camino de la historia, también ahora, no siempre vivimos la unidad. A veces surgen incomprensiones, conflictos, tensiones, divisiones, que la hieren, y entonces la Iglesia no tiene el rostro que desearíamos, no manifiesta la caridad, lo que quiere Dios.

Somos nosotros quienes creamos laceraciones. Y si miramos las divisiones que aún existen entre los cristianos, católicos, ortodoxos, protestantes... sentimos la fatiga de hacer plenamente visible esta unidad.

Dios nos dona la unidad, pero a nosotros frecuentemente nos cuesta vivirla. Es necesario buscar, construir la comunión, educar para la comunión, para superar incomprensiones y divisiones, empezando por la familia, por las realidades eclesiales, en el diálogo ecuménico también.

Nuestro mundo necesita unidad, es una época en la que todos necesitamos unidad, tenemos necesidad de reconciliación, de comunión; y la Iglesia es Casa de comunión.

Humildad, dulzura, magnanimidad, amor para conservar la unidad. Éstos, éstos son los caminos, los verdaderos caminos de la Iglesia. Oigámoslos una vez más. Humildad contra la vanidad, contra la soberbia; humildad, dulzura, magnanimidad, amor para conservar la unidad. ¡La riqueza de lo que nos une!

Y ésta es una verdadera riqueza: lo que nos une, no lo que nos divide.

Audiencia, 25 de septiembre de 2013

12

EL DRAMA DE LA DESOCUPACIÓN

El problema de la desocupación es grave, por los altos niveles de desocupación juvenil, y porque a veces el trabajo mismo no es digno.

Twitter, 3 de mayo de 2016

Trabajo y progreso tecnológico

Estamos llamados al trabajo desde nuestra creación. No debe buscarse que el progreso tecnológico reemplace cada vez más el trabajo humano, con lo cual la humanidad se dañaría a sí misma.

El trabajo es una necesidad, parte del sentido de la vida en esta tierra, camino de maduración, de desarrollo humano y de realización personal.

En este sentido, ayudar a los pobres con dinero debe ser siempre una solución provisoria para resolver urgencias. El gran objetivo debería ser siempre permitirles una vida digna a través del trabajo. Pero la orientación de la economía ha propiciado un tipo de avance tecnológico para reducir costos de producción en razón de la disminución de los puestos de trabajo, que se reemplazan por máquinas. Es un modo más de cómo la acción del ser humano puede volverse en contra de él mismo.

La disminución de los puestos de trabajo tiene también un impacto negativo en el plano económico por el progresivo desgaste del «capital social», es decir, del conjunto de relaciones de confianza, fiabilidad y respeto de las normas, que son indispensables en toda convivencia civil.

En definitiva, los costes humanos son siempre también costes económicos y las disfunciones económicas comportan igualmente costes humanos.

Dejar de invertir en las personas para obtener un mayor rédito inmediato es muy mal negocio para la sociedad.

Laudato si', n. 128

Educar a la honestidad

Educar ayuda a no ceder ante los engaños de quien quiere hacer creer que el trabajo, el esfuerzo cotidiano, el don de sí mismos y el estudio no tienen valor.

Añadiría que hoy, en el mundo del trabajo —aunque también en cada ambiente— es urgente educar a recorrer el camino, luminoso y laborioso, de la honestidad, huyendo de los atajos de los favoritismos y de las recomendaciones. Por debajo está la corrupción. Existen siempre estas tentaciones, pequeñas o grandes, pero se trata siempre de «compraventas morales», indignas del hombre: se deben rechazar, habituando el corazón a permanecer libre. De lo contrario, generan una mentalidad falsa y nociva, que se debe combatir: la de la ilegalidad, que comporta la corrupción de la persona y de la sociedad.

La ilegalidad es como un pulpo que no se ve: está escondido, sumergido, pero con sus tentáculos sujeta y envenena, contaminando y haciendo mucho mal.

Educar es una gran vocación: como san José adiestró a Jesús en el arte del carpintero, también vosotros estáis llamados a ayudar a las jóvenes generaciones a descubrir la belleza del trabajo verdaderamente humano.

Discurso, 16 de enero de 2016

Los nuevos excluidos

El trabajo no es solamente una vocación de cada persona, sino que es la oportunidad de entrar en relación con los otros: cualquier forma de trabajo tiene detrás una idea sobre la relación que el ser humano puede o debe establecer con lo otro de sí. El trabajo debería unir a las personas, no alejarlas, haciéndolas cerradas y distantes. Ocupando tantas horas del día, nos ofrece también la ocasión para compartir lo cotidiano, para interesarnos por quien está cerca de nosotros, para recibir como un don y como una responsabilidad la presencia de los demás.

Hoy, en cambio, están quienes quisieran trabajar, pero no pueden, y tienen dificultad incluso para comer. Los jóvenes que no trabajan son los nuevos excluidos de nuestro tiempo. Pensad que en algunos países de Europa, de ésta nuestra Europa, tan culta, la juventud llega a 40% de desocupación, 47% en algunos países, 50% en otros.

Pero ¿qué hace un joven que no trabaja? ¿Dónde acaba? En las dependencias, en las enfermedades psicológicas, en los suicidios. Y no siempre se publican las estadísticas de los suicidios juveniles. Esto es un drama: es el drama de los nuevos excluidos de nuestro tiempo. Y se les priva de su dignidad.

La justicia humana exige el acceso al trabajo para todos. También la misericordia divina nos interpela: ante las personas con dificultad y en situaciones penosas —pienso en los jóvenes para quienes casarse o tener hijos es un problema, porque no tienen un empleo suficientemente estable o la casa— no sirve hacer prédicas; en cambio sí transmitir la esperanza, confortar con la presencia, sostener con la ayuda concreta.

Discurso, 16 de enero de 2016

Trabajo «en negro»

En el origen del movimiento cooperativista italiano, muchas cooperativas agrícolas y de crédito, ya en el siglo XIX, fueron sabiamente fundadas y promovidas por sacerdotes y párrocos. Todavía ahora, en diversas diócesis italianas, se recurre al cooperativismo como remedio para el problema de la desocupación y para las diversas formas de malestar social.

Hoy es una regla, no digo normal, habitual... pero que se ve con mucha frecuencia: «¿Buscas trabajo? Ven, ven a esta empresa». 11 horas, 10 horas de trabajo, 600 euros. «¿Te gusta? ¿No? Regresa a casa».

¿Qué hacer en este mundo que funciona así? Porque hay una serie, una fila de gente que busca trabajo: si a ti no te gusta, a aquel otro le gustará. Es el hambre, el hambre nos hace aceptar lo que nos dan, el trabajo en negro... Podría preguntar, para poner un ejemplo, sobre el personal doméstico: ¿cuántos hombres y mujeres que trabajan como personal doméstico tienen ahorro social para la pensión?

El pensamiento se dirige ante todo a los jóvenes, porque sabemos que la desocupación juvenil es dramáticamente elevada, pero pensemos también en las numerosas mujeres que tienen necesidad y voluntad de incorporarse al mundo del trabajo. No descuidemos a los adultos que con frecuencia quedan prematuramente sin trabajo. «Tú, ¿qué eres?». «Soy ingeniero». «Ah, qué bueno, qué bueno. ¿Cuántos años tienes?». «49». «No sirve, se puede marchar».

Esto sucede todos los días. Además de las nuevas empresas, miremos también a las empresas que pasan por un momento de dificultad, a las que a los viejos dueños les conviene dejarlas morir y que, en cambio, podrían revivir con las iniciativas que vosotros llamáis «Workers buy out», «empresas recuperadas», en mi lengua, empresas salvadas. Y yo, como he dicho a sus representantes, soy un aficionado de las empresas recuperadas.

Discurso, 28 de febrero de 2015

El escándalo

Una visión económica exclusivamente orientada al beneficio económico y al bienestar material es —como la experiencia cotidianamente nos muestra— incapaz de contribuir de modo positivo a una globalización que favorezca el desarrollo integral de los pueblos en el mundo, una justa distribución de los recursos, la garantía del trabajo digno y el crecimiento de la iniciativa privada, así como de las empresas locales.

Una economía de la exclusión y de la inequidad ha creado a un número cada vez mayor de desheredados y de personas descartadas como improductivas e inútiles.

Los efectos se perciben también en las sociedades más desarrolladas, en las que el crecimiento en porcentaje respecto a la pobreza y a la decadencia social representan una seria amenaza para las familias, para la clase media que se reduce y, de modo particular, para los jóvenes.

Los índices de desocupación juvenil son un escándalo que no sólo requiere ser afrontado sobre todo en términos económicos, sino que se debe afrontar también, y no menos urgentemente, como una enfermedad social, dado que a nuestra juventud se le roba la esperanza y se despilfarran sus grandes recursos de energía, de creatividad y de intuición.

Discurso, 13 de mayo de 2016

El trabajo libre

Debemos hacer lo posible para que, a través de nuestro trabajo el ser humano exprese y aumente la dignidad de su vida.

La auténtica libertad del trabajo significa que el hombre, continuando la obra del Creador, haga lo posible para volver a encontrar su meta: ser obra de Dios que, en el trabajo realizado, encarna y prolonga la imagen de su presencia en la creación y en la historia del hombre.

Con demasiada frecuencia, en cambio, el trabajo es víctima de opresiones a diversos niveles: del hombre sobre otro hombre; de nuevas organizaciones de esclavitud que oprimen a los más pobres; en especial, muchos niños y muchas mujeres sufren una economía que obliga a un trabajo indigno que contradice la creación en su belleza y armonía. Tenemos que hacer lo posible para que el trabajo no sea instrumento de alienación, sino de esperanza y vida nueva. Es decir, que el trabajo sea libre.

Discurso, 23 de mayo de 2015

Trabajo creativo

Cada hombre lleva en sí una original y única capacidad para sacar de sí y de las personas que trabajan con él el bien que Dios depositó en su corazón. Cada hombre y mujer es «poeta», capaz de dejar espacio a la creatividad. Poeta quiere decir esto.

Pero eso se puede dar cuando se permite al hombre expresar en libertad y creatividad algunas formas de empresa, de trabajo en colaboración realizado en comunidad que permita a él y a otras personas un pleno desarrollo económico y social.

No podemos cortar las alas a quienes, en especial jóvenes, tienen mucho para dar con su inteligencia y capacidad; se los debe liberar de los pesos que les oprimen y les impiden entrar con pleno derecho y cuanto antes en el mundo del trabajo.

Discurso, 23 de mayo de 2015

La visión economicista

Para poder incidir en la realidad, el hombre está llamado a expresar el trabajo según la lógica más apropiada a su realidad, la relacional. La lógica relacional, es decir ver siempre en el fin del trabajo el rostro del otro y la colaboración responsable con otras personas. Allí donde, a causa de una visión economicista, como la que mencioné antes, se piensa en el hombre en clave egoística y a los demás como medios y no como fines, el trabajo pierde su sentido primario de continuación de la obra de Dios, y por ello es obra de un ídolo; la obra de Dios, en cambio, está destinada a toda la humanidad, para que todos puedan beneficiarse de ella.

Cada día vosotros encontráis personas que han perdido el trabajo —esto hace llorar—, o que buscan ocupación. Y aceptan lo que se presenta.

Cuántas personas que buscan ocupación, personas que quieren llevar el pan a casa: no sólo comer, sino llevar de comer, esto es la dignidad. El pan para su familia. A estas personas hay que darles una respuesta.

En primer lugar, es un deber ofrecer la propia cercanía, la propia solidaridad.

Pero luego hay que dar también instrumentos y oportunidades adecuadas.

Discurso, 23 de mayo de 2015

13

MEDIO AMBIENTE Y ECOLOGÍA

Nuestra casa común es como una hermana con la cual compartimos nuestra existencia.

Laudato si', n. 1

Custodios de la naturaleza

Por una parte, la naturaleza está a nuestra disposición, podemos disfrutarla y hacer buen uso de ella; por otra parte, sin embargo, no somos los dueños. Custodios, pero no dueños.

Por eso la debemos amar y respetar. Nosotros en cambio nos guiamos a menudo por la soberbia de dominar, de poseer, de manipular, de explotar; no la «custodiamos», no la respetamos, no la consideramos como un don gratuito que hay que cuidar.

Respetar el ambiente no significa sólo limitarse a evitar estropearlo, sino también utilizarlo para el bien.

Pienso sobre todo en el sector agrícola, llamado a dar sustento y alimento al hombre. No se puede tolerar que millones de personas en el mundo mueran de hambre, mientras toneladas de restos de alimentos se desechan cada día de nuestras mesas. Además, el respeto por la naturaleza nos recuerda que el hombre mismo es parte fundamental de ella. Junto a una ecología ambiental, se necesita una ecología humana, hecha del respeto de la persona.

Discurso al Parlamento europeo, 25 de noviembre de 2014

Los jóvenes y el medio ambiente

Vosotros los jóvenes estáis llamados a contribuir para cuidar el medio ambiente. Estáis llamados a cuidar de la creación, en cuanto ciudadanos responsables, pero también como seguidores de Cristo. El respeto por el medio ambiente es algo más que el simple uso de productos no contaminantes o el reciclaje de los usados. Éstos son aspectos importantes, pero no es suficiente.

Tenemos que ver con los ojos de la fe la belleza del plan de salvación de Dios, el vínculo entre el medio natural y la dignidad de la persona humana. Hombres y mujeres están hechos a imagen y semejanza de Dios, y han recibido el dominio sobre la creación (cf. Gn 1, 26-28). Como administradores de la creación de Dios, estamos llamados a hacer de la tierra un hermoso jardín para la familia humana.

Cuando destruimos nuestros bosques, devastamos nuestro suelo y contaminamos nuestros mares, traicionamos esa noble vocación.

Queridos jóvenes, el justo uso y gestión de los recursos de la tierra es una tarea urgente, y vosotros tenéis mucho que aportar.

Discurso a los jóvenes de Filipinas, 18 de enero de 2015

Ecología humana

¿Qué quiere decir cultivar y custodiar la tierra? ¿Estamos verdaderamente cultivando y custodiando la creación? ¿O bien la estamos explotando y descuidando?

El verbo «cultivar» me recuerda el cuidado que tiene el agricultor de su tierra para que dé fruto y éste se comparta: ¡cuánta atención, pasión y dedicación! Cultivar y custodiar la creación es una indicación de Dios dada no sólo al inicio de la historia, sino a cada uno de nosotros; es parte de su proyecto; quiere decir hacer crecer el mundo con responsabilidad, transformarlo para que sea un jardín, un lugar habitable para todos.

Estamos perdiendo la actitud del estupor, de la contemplación, de la escucha de la creación.

Pero «cultivar y custodiar» no comprende sólo la relación entre nosotros y el medio ambiente, entre el hombre y la creación; se refiere también a las relaciones humanas.

Nosotros estamos viviendo un momento de crisis; lo vemos en el medio ambiente, pero sobre todo lo vemos en el hombre. La persona humana está en peligro: esto es cierto, la persona humana hoy está en peligro; ¡he aquí la urgencia de la ecología humana! Y el peligro es grave porque la causa del problema no es superficial, sino profunda: no es sólo una cuestión de economía, sino de ética y de antropología.

Lo que manda hoy no es el hombre: es el dinero, el dinero; la moneda manda. Y la tarea de custodiar la tierra, Dios Nuestro Padre la ha dado no al dinero, sino a nosotros: a los hombres y a las mujeres, ¡nosotros tenemos este deber!

Audiencia, 5 de junio de 2013

Mundo natural y mundo humano

La destrucción del ambiente humano es algo muy serio, porque Dios no sólo le encomendó el mundo al ser humano, sino que su propia vida es un don que debe ser protegido de diversas formas de degradación.

Toda pretensión de cuidar y mejorar el mundo supone cambios profundos en los estilos de vida, los modelos de producción y de consumo, las estructuras consolidadas de poder que rigen hoy la sociedad.

El auténtico desarrollo humano posee un carácter moral y supone el pleno respeto a la persona humana, pero también debe prestar atención al mundo natural y tener en cuenta la naturaleza de cada ser y su mutua conexión en un sistema ordenado.

Por lo tanto, la capacidad de transformar la realidad que tiene el ser humano debe desarrollarse sobre la base de la donación originaria de las cosas por parte de Dios.

Laudato si', n. 5

El destino de la gente más pobre

El ambiente humano y el ambiente natural se degradan juntos, y no podremos afrontar adecuadamente la degradación ambiental si no prestamos atención a causas que tienen que ver con la degradación humana y social. De hecho, el deterioro del ambiente y el de la sociedad afectan de un modo especial a los más débiles del planeta. Por ejemplo, el agotamiento de las reservas ictícolas perjudica especialmente a quienes viven de la pesca artesanal y no tienen cómo reemplazarla; la contaminación del agua afecta particularmente a los más pobres que no tienen posibilidad de comprar agua envasada, y la elevación del nivel del mar afecta principalmente a las poblaciones costeras empobrecidas que no tienen a dónde trasladarse.

El impacto de los desajustes actuales se manifiesta también en la muerte prematura de muchos pobres, en los conflictos generados por falta de recursos y en tantos otros problemas que no tienen espacio suficiente en las agendas del mundo.

No suele haber conciencia clara de los problemas que afectan particularmente a los excluidos. Ellos son la mayor parte del planeta, miles de millones de personas. Hoy están presentes en los debates políticos y económicos internacionales, pero frecuentemente parece que sus problemas se plantean como un apéndice, como una cuestión que se añade casi por obligación o de manera periférica, si es que no se los considera un mero daño colateral. De hecho, a la hora de la actuación concreta, quedan frecuentemente en el último lugar.

Laudato si', nn. 48-49

El medio ambiente y las guerras

Es previsible que, ante el agotamiento de algunos recursos, se vaya creando un escenario favorable para nuevas guerras, disfrazadas detrás de nobles reivindicaciones. La guerra siempre produce daños graves al medio ambiente y a la riqueza cultural de las poblaciones, y los riesgos se agigantan cuando se piensa en las armas nucleares y en las armas biológicas. Porque, a pesar de que determinados acuerdos internacionales prohíban la guerra química, bacteriológica y biológica, de hecho en los laboratorios se sigue investigando para el desarrollo de nuevas armas ofensivas, capaces de alterar los equilibrios naturales.

Se requiere de la política una mayor atención para prevenir y resolver las causas que puedan originar nuevos conflictos. Pero el poder conectado con las finanzas es el que más se resiste a este esfuerzo, y los diseños políticos no suelen tener amplitud de miras. ¿Para qué se quiere preservar hoy un poder que será recordado por su incapacidad de intervenir cuando era urgente y necesario hacerlo?

Laudato si', n. 57

El deber de los cristianos

Si tenemos en cuenta la complejidad de la crisis ecológica y sus múltiples causas, deberíamos reconocer que las soluciones no pueden llegar desde un único modo de interpretar y transformar la realidad.

También es necesario acudir a las diversas riquezas culturales de los pueblos, al arte y a la poesía, a la vida interior y a la espiritualidad. Si de verdad queremos construir una ecología que nos permita sanar todo lo que hemos destruido, entonces ninguna rama de las ciencias y ninguna forma de sabiduría puede ser dejada de lado, tampoco la religiosa con su propio lenguaje. Además, la

Iglesia Católica está abierta al diálogo con el pensamiento filosófico, y eso le permite producir diversas síntesis entre la fe y la razón.

En lo que respecta a las cuestiones sociales, esto se puede constatar en el desarrollo de la Doctrina social de la Iglesia, que está llamada a enriquecerse cada vez más a partir de los nuevos desafíos.

Las convicciones de la fe ofrecen a los cristianos, y en parte también a otros creyentes, grandes motivaciones para el cuidado de la naturaleza y de los hermanos y hermanas más frágiles. Si el solo hecho de ser humanos mueve a las personas a cuidar el ambiente del cual forman parte, los cristianos, en particular, descubren que su cometido dentro de la creación, así como sus deberes con la naturaleza y el Creador, forman parte de su fe.

Por eso, es un bien para la humanidad y para el mundo que los creyentes reconozcamos mejor los compromisos ecológicos que brotan de nuestras convicciones.

Laudato si', nn. 63-64

ÍNDICE

PRIMERA PARTE
No juzguéis para no ser juzgados

SEGUNDA PARTE
Todos somos frágiles

TERCERA PARTE
Juzgar el pecado y no el pecador

CUARTA PARTE
El juicio de la historia sobre la historia

Cronología esencial de la vida

1936   *17 de diciembre.* Jorge Mario Bergoglio nace en Buenos Aires de una familia oriunda de Asti (Turín, Italia).

1957   Después de graduarse como licenciado en química, escoge la vía del sacerdocio y entra en el seminario diocesano de Villa Devoto.

1958   *11 de marzo.* Entra en el noviciado de la Compañía de Jesús y, dos años después, toma los primeros votos.

1969   *13 de diciembre.* Es ordenado sacerdote.

1973   *22 de abril.* Hace su juramento final como jesuita. *31 de julio.* Es nombrado Superior Provincial de los Jesuitas en Argentina.

1980   Es nombrado rector del Colegio San José.

1992   *20 de mayo.* Es nombrado por Juan Pablo II obispo auxiliar de Buenos Aires.

1993   *21 de diciembre.* Es nombrado vicario general de la arquidiócesis.

1997   *3 de junio.* Es promovido a arzobispo coadjutor de Buenos Aires y, al año siguiente, le nombran guía de la Arquidiócesis, volviéndose también primado de Argentina.

2001   *21 de febrero.* Es ordenado cardenal por Juan Pablo II.

2005   Participa en el cónclave en que eligen a Benedicto XVI.

2013   *13 de marzo.* Es elegido sumo pontífice y toma el nombre de Francisco: primer papa latinoamericano, primer papa jesuita, primer papa con el nombre de Francisco.